humboldt

Nuad

Die traditionelle Thai-Massage

Ernst Stürmer

humboldt BIBLIOTHEK

☞ Autor und Verlag übernehmen keine Verantwortung für eventuelle Schäden, Verletzungen oder nachteilige Wirkungen, die durch Anwendung der im Buch vorgestellten Techniken und Methoden der Traditionellen Thai-Massage eintreten könnten.

☞ Der Autor bittet die Frauen um Verzeihung, daß er sich dem patriarchalischen Charakter der deutschen Sprache beugt und der Einfachheit halber die Ausdrücke Masseur, Partner, Klient usw. – statt MasseurIn, PartnerIn, KlientIn – verwendet. Bitte verstehen Sie die Begriffe geschlechtsneutral.

Bilder

+ Sämtliche Farb- und Schwarzweißfotos stammen vom Autor.
+ Illustrationen im traditionellen Thaistil S. 39 – S. 79: Nationalbibliothek Bangkok
+ Zeichnungen der energetischen Punkte, Linien und Zonen S. 82 – S. 88 sowie S. 209: Helene Mayer / Ernst Stürmer
+ Das Diagramm der Energielinien (Sen) S. 38 ist einem Lehrbehelf der Thai Traditional Massage School des Wat Phra Chetuphon (= Wat Pho) entnommen; es basiert auf den berühmten historischen Epigrammen, die König Rama III. 1836 in Steintafeln gravieren ließ.
+ Sen-Abbildungen S. 185 – S. 194: Helene Mayer / Ernst Stürmer
+ Darstellungen der Meridiane S. 198 – S. 203, ebenso die Illustrationen S. 34, S. 183 und S. 9 bzw. S. 189: Privatarchiv

Eine Produktion der Bildbuch Verlag Ges.m.b.H., Wien für Humboldt Verlag, München.
Ein Imprint der Verlagsgruppe Koch GmbH., A-6600, Höfen.

Einbandgestaltung: büroecco! kommunikationsdesign gmbh, Augsburg
Satz und Reproduktion: datacon, Wien
Druck und Bindung: Brüder Glöckler OHG, A-2752 Wöllersdorf

ISBN 3-7081-0101-4

INHALT

*Zu Dank verpflichtet
bin ich namentlich den Großen Drei
der Traditionellen Thai-Massage in Chiangmai
für ihre Informationen:
den Meistern
Chaiyuth Priyasith, Chongkol Setthakorn und Khun (Frau) Nit,
ebenso aber den Institutionen
Wat Pho in Bangkok und Old Medicine Hospital in Chiangmai
– den beiden Brennpunkten der Nuad-Kunst.
Besonderen Dank schulde ich
der erfahrenen und hervorragenden Masseurin
Darunee Chanta, genannt „Jeep“,
für die konzentrierte und exakte Demonstration des Grundkurses,
den ich für den Abschnitt Praxis fotografierte.*

Orientierung

Wer mit „Augenzwinkern“ von der Thai-Massage spricht, ist auf der falschen Spur. Denn nicht mit dem Rotlichtmilieu ist die Thai-Massage verbunden, sondern mit Klöstern und Spitälern. Was in Bars, Discos, Cocktail Lounges, Teehäusern, Coffee Shops, Parlours, Salons und Single Hotels von als Masseusen getarnten „Service Girls“ (so werden die Prostituierten offiziell tituliert) angeboten wird, nennt sich „Kontemporäre (= zeitgenössische) Thai-Massage“, hat aber mit der Traditionellen Thai-Massage überhaupt nichts zu tun. Nuad – die Traditionelle Thai-Massage – erwuchs der Meditation und der Medizin. Sie ist die Kunst von Mönchen und Ärzten, nicht von Hostessen. Die Wat (= buddhistischen Tempel/Klöster) sind die Wiege der klassischen Massage des Königreiches.

Eine gute Thai-Massage gleicht, um mit Meister Chongkol Setthakorn zu sprechen, „tausend sanften Wellen, die über den Körper spülen“ . Eine Thai-Massage ist keine Muskelkneterei. Die Harmonie im Zusammenspiel der aktiven Bewegungen des Masseurs und der passiven Bewegungen des Massierten erinnert an einen Tanz. Lyrische Menschen mögen Nuad als „Poesie in Bewegung“ empfinden.

Experten nennen die Thai-Massage „Yoga für Faule“: denn der Empfänger der Massage braucht die Streck-, Dehn- und Drehübungen der Yogastellungen nicht selber ausführen, sondern er wird vom Masseur bzw. der Masseurin einfühlsam in die Yogahaltungen gebracht, die er allein in der Regel gar nicht meistert.

Das „Stretching“ des Yoga ist der eine Hauptbestandteil der Thai-Massage, der zweite ist die Pressur der Energielinien sowie der Reflexzonen des Körpers, die die inneren Organe, Drüsen, Nerven usw. anregt, in ihrer Funktion das Beste zu leisten.

Treffend hat Yosel Wastrack-Tarnofsky (ein amerikanischer Therapeut und Yogalehrer, der sein Diplom in Thai-Massage im Old Medicine Hospital in Chiang Mai erworben hat) Nuad charakterisiert: „In den 20 Jahren, in denen ich an der holistischen (ganzheitlichen) Bewegung beteiligt bin, habe ich niemals irgendeine Form der Körpertherapie erzählt bekommen, gesehen noch gefühlt, die so wirksam und so umfassend ist wie die Thailändische Medizinische Massage. Sie erscheint als eine Kombination von Akupressur oder Shiatsu, Hatha-Yoga und Reflexologie, aber für den intuitiv begabten Menschen ist sie zusätzlich eine aktive Meditation – ein überwältigend heilsamer Nektar . . .“

Akupunkteur Dr. Richard Gold aus den USA unterzog sich in Thailand krankheitshalber einer Massage. Er war ergriffen: „Mein ganzes Leben habe ich mit Körpertherapie zugebracht, aber

als ich meine erste Thai-Massage erhielt, wußte ich, daß diese 2 Stunden mein Leben verändern würden.“ Sein einmaliges Nuad-Erlebnis machte ihn sogar zum Pionier der Traditionellen Thai-Massage in Amerika.
So ist also die Traditionelle Thai-Massage alles in allem „eine berührende Angelegenheit“ – im buchstäblichen wie im übertragenen Sinne.
Kurzgefaßt: Nuad – einzigartig und unverwechselbar – ist das vollständigste Massagesystem mit den weitreichendsten Heilfähigkeiten.

Zu dem Bild auf der rechten Seite:
Der Legende nach ist die Heilkunde (Nuad eingeschlossen) himmlischen Ursprungs.

Profil

1. Gegenwart

Der von 300 Mönchen bewohnte Wat Pho ist das Kloster der Superlative: das älteste und schönste Bangkoks und das größte Thailands. Daher ist die Tempelanlage hoffnungslos überlaufen. Die busladungsweise angekarrten Touristen wälzen sich der Hauptattraktion entgegen: dem vollständig mit Gold überzogenen gigantischen (46 m langen und 15 m hohen) *Ruhenden Buddha*. Die farbenfrohen architektonischen Wunderwerke des Tempels entlocken den Kunstfreunden ein „Ah!“ und „Oh!“ nach dem anderen.

Wat Pho: nicht nur ein Labyrinth von Pagoden . . .

Thailands würdevollster Tempel hat aber noch mehr zu bieten: er ist das spirituelle Hauptquartier der traditionellen Massage und Medizin:

➲ In einem Innenhof des Klosters befinden sich 2 Pavillons, wohl die populärste Adresse für Thai-Massage. Hier drängen sich unablässig Touristen, die sich bei den Sightseeing-Touren den Hals verrenken, beim Nonstop-Shopping aufreiben oder sich nach beschwerlichen nächtlichen Eskapaden steif und bleiern fühlen. Sich für 1 oder 2 Stunden von Höllenlärm, Luftverpestung und Chaos des Molochs Bangkok absetzend, lassen sich die erschöpften Urlauber in den beiden luftdurchfluteten Hallen des *Massagezentrums* des Wat Pho Müdigkeit und Schmerz aus ihrer Knochen„karosserie" massieren. Die Therapeutinnen und Therapeuten „kneten" – Matte neben Matte, Reihe hinter Reihe – gleichzeitig an die 40 Personen. Der emsige, rekordverdächtige Massagebetrieb des Wat Pho mutet wie Fließbandarbeit an, was gewiß nicht im Sinne des Erfinders ist.

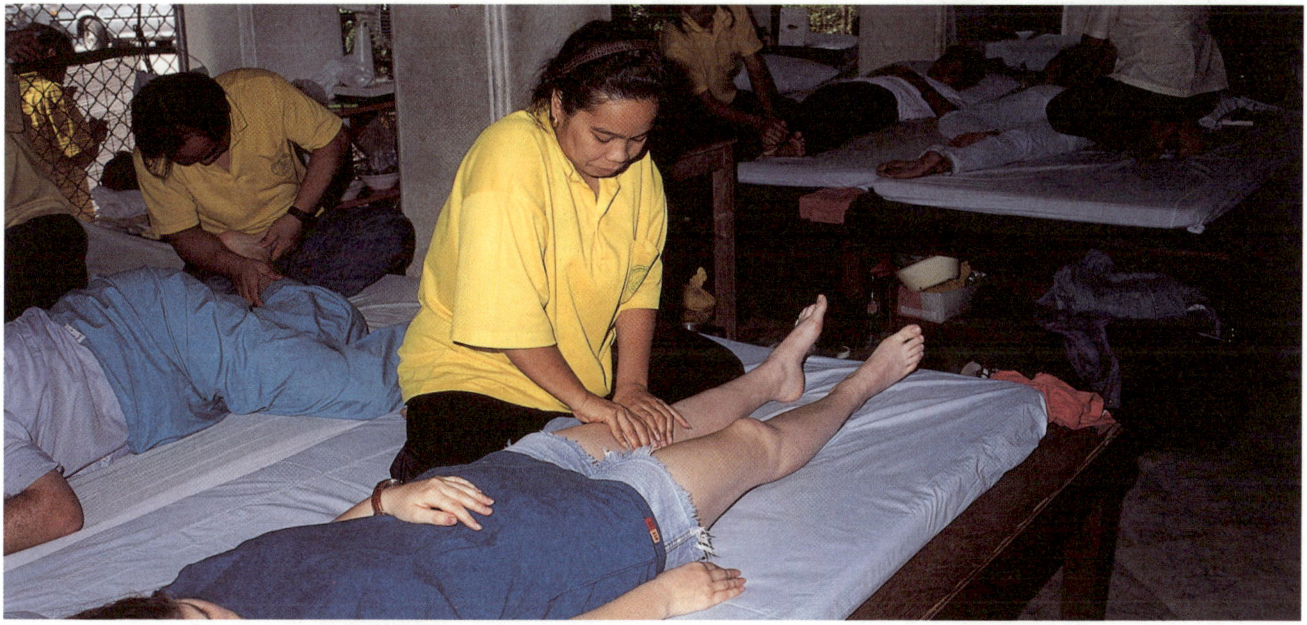

Der Wat Pho beschäftigt 60 Masseurinnen und Masseure: Nuad – Streßkiller Nr. 1

➲ In der vom Wat Pho geführten angesehenen *Massage-Schule* bilden rund 20 Massage-Professoren Therapeuten aus. Die dort trainierten Masseure und Massage-Lehrer (beiderlei Geschlechts) genießen den höchsten Ruf im Lande.

➲ Schon König Rama III., der den Wat Pho zu einer Art Universität für Medizinkunde (einschließlich Massage) erhob, ließ 1836 im Tempel 60 *Steintafeln mit Gravuren* anbringen, in der Absicht, den theoretischen Hintergrund der Thai-Massage der Nachwelt weiterzugeben. Die eingravierten Bilder sind detaillierte Zeichnungen des Netzwerkes der Energieleitbahnen (s. Abb. S. 38), die den menschlichen Körper überziehen und die von der Thai-Massage angeregt werden, um die Lebenskraft zu entfalten.

König der Rishis, der Urahnen der Thai-Massage

➲ In einem Garten an der Südseite des Tempelgeländes stoßen wir auf 2 Felsen, die von gegossenen *Statuen indischer Einsiedler* dekoriert werden. Die Eremiten krümmen, strecken, dehnen und drehen sich wie Schlangenmenschen. Heute sind nur mehr 20 von ursprünglich 82 Statuen erhalten. Sie hatten die Funktion einer Volkshochschule: Die zu Zink/Zinn-Statuen erstarrten indischen Weisen demonstrieren nämlich dem einfachen Volk Techniken – Yogahaltungen und Griffe der Selbstmassage – zum Nachmachen: etwa gegen Kopfweh oder Hexenschuß . In den Figuren wird der Ursprung der Thai-Massage im altindischen Heilwissen und im Yoga augenfällig: Sie stellen gleichsam die Urform oder Vorstufe der Thai-Massage zur Schau.

Die Statuen demonstrieren, daß die Thaimassage Yoga und Akupressur verbindet

Die Verehrung der Rishis im Wat Pho reißt den ganzen Tag nicht ab

Unter den buddhistischen Klöstern, die die Kunst der Massage pflegen, ist außerdem der *Wat Nong Yah Nang* in der Uthai Thani Provinz (Zentralthailand) berühmt geworden. Er erzielte mit der Traditionellen Thai-Massage, verbunden mit Kräutersauna, aufsehenerregende Erfolge bei gelähmten und verkrüppelten Patienten. Neben den Klöstern sind es die Spitäler der Traditionellen Medizin, denen die Entwicklung der Thai-Massage zu danken ist. Die Hochburg der alten Massage-Therapie ist das *Old Medicine Hospital* in Chiang Mai (Nordthailand), das, um der steigenden Nachfrage nach Praktikern zu entsprechen, Langzeitkurse für Thais (u. a. für Medizinstudenten) und 2wöchige Kurse für Westler anbietet. Mittelpunkt der Nuad-Kunst in unseren Tagen ist überhaupt Chiang Mai: als Hort der Tradition die „heimliche Hauptstadt" Thailands.

Masseurin Pan – sie hat 4 Jahre im Wat Pho gelernt – massiert die Strandgäste von Hua Hin

Thailands alte Medizin erlebt heutzutage einen Boom. Denn erstens ist die moderne Hi-Tech-Medizin für Normalverdiener unerschwinglich. Zweitens hat die naturwissenschaftliche, aus dem Westen stammende Medizin nicht gehalten, was sie versprochen hat. Desillusionierte gebildete Thais haben es mehr und mehr satt, als Patienten mit Chemikalien vollgepumpt zu werden, die Krankheitszeichen (sprich Symptome) statt Krankheitsursachen bekämpfen und die jede Menge unerwünschter, d. h. schädlicher Nebenwirkungen produzieren. So besinnen

Die Masseurin Jeep beispielsweise (die Demonstratorin unseres Nuad-Grundkurses S. 89 – S. 181) pflegt noch die Andacht zu Ehren Dr. Jivakas, bevor sie an die Arbeit geht

sich viele Thais auf ihre alten wirksamen Kuren von Kräuteranwendung bis zu Massagen, um Gesundheit und Wohlbefinden aufrechtzuerhalten und degenerative Beschwerden hintanzuhalten.

Bei der steigenden Tendenz zu Geldmacherei war natürlich die Kommerzialisierung der Traditionellen Thai-Massage nicht aufzuhalten. Aberhunderte private Massage-Institute schossen aus dem Boden, und massiert wird zudem in öffentlichen Parks im kühlen Baumschatten und an Goldstränden unter fahnenbunten Sonnenschirmen.

Freilich wird, wenn die seriöse Massage kommerziell ausgebeutet wird, gelegentlich das spirituelle Ideal der Traditionellen Thai-Massage verraten. In Hat Yai (Südthailand) beispielsweise

Chongkol Setthakorn

Alle Wege führen zu ITM

kann man degenerierte Substandard-Massagen erleben, bei der die vielgelobte Achtsamkeit und Konzentration der Masseurin sich auf den Bildschirm der eingeschalteten Flimmerkiste beschränkt. Doch im allgemeinen bewahren erstaunlich viele private Massage-Institute die meditative Qualität der Thai-Massage.

3 Namen ragen aus der heutigen Nuad-Szene nordthailändischen Stils (den das Buch vorstellt) hervor: *Chaiyuth Priyasith, Khun (Frau) Nit* und *Chongkol Setthakorn.* Unterschiedlicher können Charaktere nicht sein als die der „Großen Drei" der Thai-Massage. In Chiang Mai hat also der Interessent das Glück, eine Nuad-Koryphäe finden zu können, die der eigenen Mentalität entgegenkommt.

> Meister *Chongkol Setthakorn* ist ein nach allen Richtungen offener, gewandter Weltmann, ein dynamischer Manager, der Werbung nicht scheut und sich auf Public Relations versteht. Wer ihn sucht, kann den Weg nicht verfehlen: Überall in der Stadt kleben seine Flugzettel an Wänden und Säulen – mit dem Lageplan seines Instituts.

Chongkol Setthakorn, früher Chefinstruktor des Old Medicine Hospital, behandelt selbst keine Klienten: Er konzentriert sich auf die Ausbildung von Therapeuten. In seinem Institut ITM

(International Training Massage) bildete er in nur 5 Jahren Ausländer aus 42 Ländern aus: aus unserem Sprachraum z. B. 181 Deutsche, 109 Schweizer und 49 Österreicher. Er – der übrigens eine Gastprofessur an einer amerikanischen Universität innehatte – geht auf die westliche Mentalität seiner Studenten ein und befleißigt sich einer systematischen Lehrmethode. Er unterrichtet gleichzeitig bis zu 50 Schüler.
Doch bei allem tradiert Chongkol Setthakorn eine Thaimassage mit Seele. Sowohl sein ITM-Institut als auch das Old Medicine Hospital betonen die spirituelle Ausrichtung der Traditionellen Thai-Massage. Morgens und abends sowie vor und nach jeder Unterrichtsstunde wird die *Wai Khru* genannte Zeremonie ausgeführt. Dabei wird ein Gebet gesprochen, bei dem sich die Beteiligten in den Geisteszustand der Herzensgüte, der Nächstenliebe und der Freude versetzen und den Begründer der Thai-Massage – den „Vater Doktor" Jivaka – ehren. „Das ist kein Gebet einer spezifischen Religion", schärft Prof. Chongkol Setthakorn ein, „sondern ein Weg, Dankbarkeit für die Schöpfung der Massage-Kunst auszudrücken und in Kontemplation einzutauchen."

Frau Nit

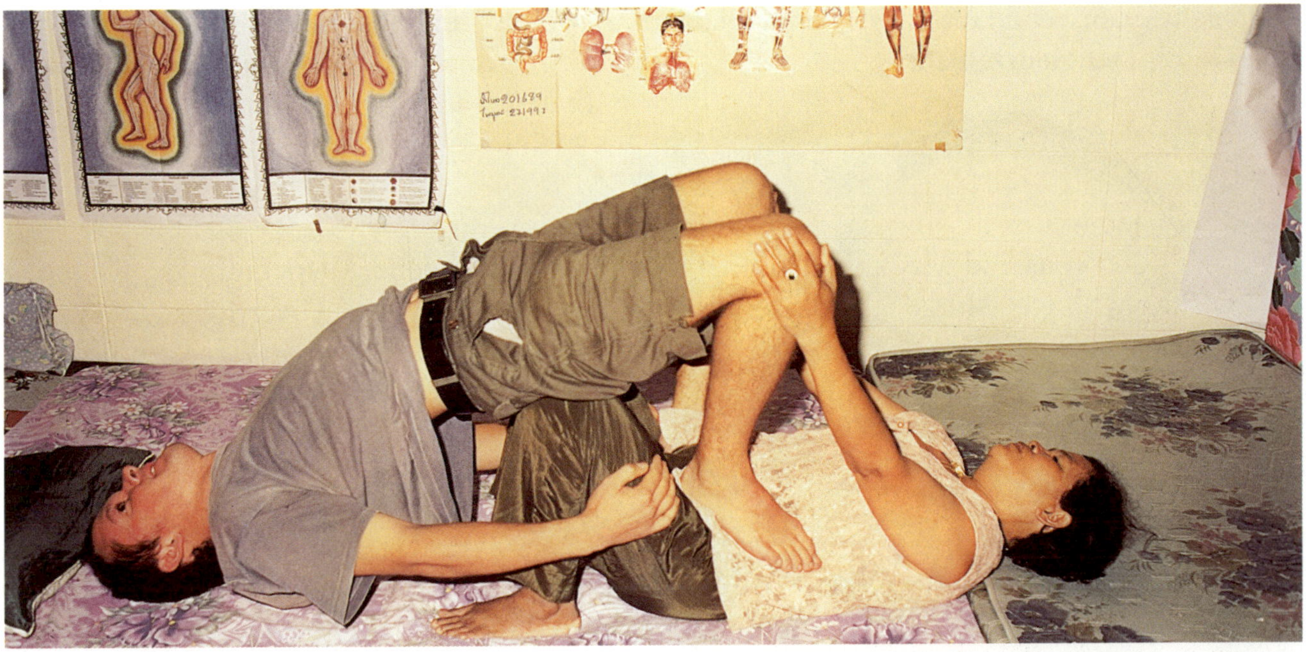

Frau Nit: Massage für 9 oder 100 Baht

> Laksmi Chaimongkol – bekannt und berühmt als Khun (Frau) *„Nit“* – steht in der Tradition chinesischer Heiler und praktiziert seit 43 Jahren Thai-Massage. Um den in Thailand niedrigsten Tarif von 100 Baht pro Stunde können Sie in „Baan (Haus) Nit“ in den Genuß der Hohen Schule der Thaimassage kommen. Wer aber nicht einmal die 100 Baht aufbringen kann, zahlt den symbolischen Preis von 9 Baht – um Gottes willen nicht 10 Baht (9 ist eine chinesische Glückszahl). Wenn Sie einen Kurs bei ihr absolvieren wollen, stellen Sie sich zum Antritt mit 9 (!) Lotosblumen ein – zu Ehren ihrer chinesischen Gottheiten.

Sie ist eine sehr souveräne Persönlichkeit: Während andere Top-Künstler der Branche Nuad ehrfürchtig nur als mehrstündige Gesamtkomposition zelebrieren, hat sie als Pragmatikerin keine Hemmung, im Dienst der Therapie das einheitliche Kunstwerk auseinanderzureißen und unter Umständen einmal nur eine halbe Stunde zu massieren.

Sie hat einen legendären Ruf als Spezialistin: ihre Zauberhände sollen wahre Wunder wirken bei Muskelschmerzen, Krämpfen, Gelenksteife, Verrenkungen und eingeklemmten Nerven. Und wenn Klienten einmal Pfuschern von Masseuren in die Hände gefallen sind, ist Frau Nit die richtige Adresse, Schäden zu reparieren.

Bei meinen Recherchen für das Nuad-Buch war sie anfänglich nicht gerade kooperativ. Fotografieren wollte sie sich schon gar nicht lassen. Sie legte mich kurzerhand auf die Matte und benutzte mich als Demonstrationsobjekt für ihre Schüler. Meine Beharrlichkeit und meine

Gleichaltrigkeit veranlaßten sie aber schließlich, mir eine Stunde lang anhand von Fotoalben ihre Geschichte zu erzählen.

Chaiyuth Priyasith

> Gäbe es in Nuad eine Hierarchie, wäre wohl *Chaiyuth Priyasith* der Großmeister der Jetztzeit: ein moderner Eremit im städtischen Dschungel Chiang Mais. Er verkörpert am reinsten den Geist der Rishis und Dr. Jivakas, von dem er sich inspiriert weiß. Geist und Herz geklärt – ein nach innen gekehrter Weiser.

Versteckt in der namenlosen Seitengasse einer Seitengasse, lebt er in einem verwitterten 120 Jahre alten traditionellen nordthailändischen Teakholzhaus, beschattet von exotischen Bäumen. Früchte wachsen ihm in den Mund. Eine paradiesische Oase der Stille in der knatternden Downtown von Chiang Mai.

Chaiyuth Priyasith drängt sich nicht auf durch Reklame. Er läßt sich suchen. Er ist der Gegenpol zu Chongkol Setthakorn, der Videos und Skripten einsetzt. Chaiyuth Priyasith vertraut auf die altorientalische „sprachlose" Pädagogik, die keine Worte braucht. Er unterrichtet individuell einen oder zwei Lehrlinge, die im Tun lernen, durch nachempfindendes Beobachten des Meisters. Westlern mag sein System zeitraubend, umständlich, ja chaotisch erscheinen im Vergleich zu der „effektiven“ Lehrmethode von Chongkol Setthakorn. Doch das Wissen, das Chaiyuth Priyasith vermittelt, wird garantiert nicht nur vom Gehirn aufgenommen, sondern geht in Fleisch und Blut über.

Unter den Massagelehrern Thailands ist der zurückgezogen lebende Chaiyuth Priyasith (Vater Hongkong-Chinese, Mutter Thai) der begnadete Künstler mit tiefer Intuition. Er „manipuliert“ seine Klienten nicht, er „meditiert“ sie. Er schließt die Augen bei der Massage, und wenn er sie öffnet, blickt er in die unendliche Ferne. Sein Massage-, sprich: Meditationsraum ist eine nach 2 Seiten offene Veranda. 9 (chinesische Glückszahl) x 4 Glöckchen mit Papierfähnchen erlauben dem Wind, in spielerischer Improvisation himmlische Musik zu komponieren, die den Klienten vom Alltag löst.

Eine Massage von Chaiyuth Priyasith, sagte ein Klient, ist eine Abenteuerreise durch den eigenen Körper. Das Körpererlebnis läßt den Nuad-Empfänger eine unbeschreibliche Leichtigkeit verspüren. Die 3 Stunden verfliegen im Nu. Eine Chinesin nach ihrer ersten dreistündigen Massage: „Ich fühle mich um 10 Jahre jünger.“ Verjüngungskur: das ist ein anderes Wort für Massage à la Chaiyuth Priyasith. Verjüngung = ausgewogene Hormonproduktion, Entgiftung des Körpers und freie Zirkulation des Blutes und der Energie.

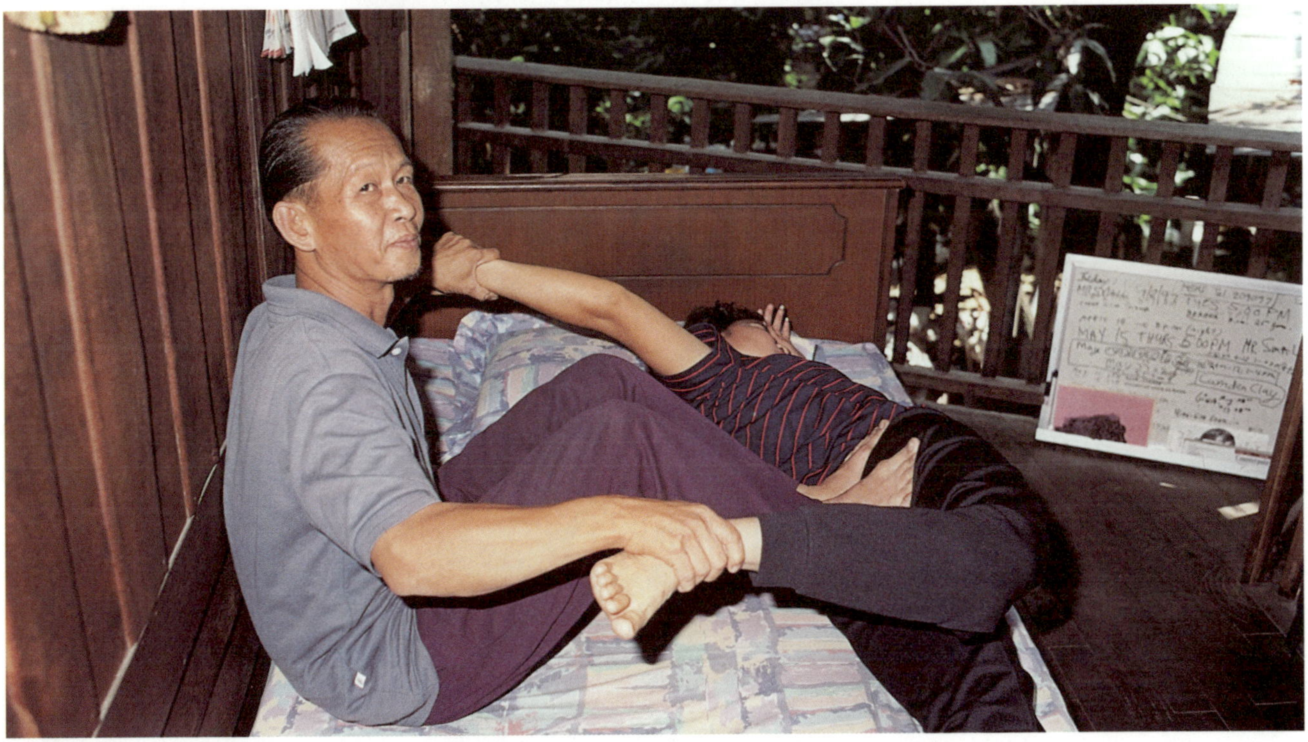

Aus der Werkstätte von Meister Chaiyuth Priyasith

Massage als Meditation

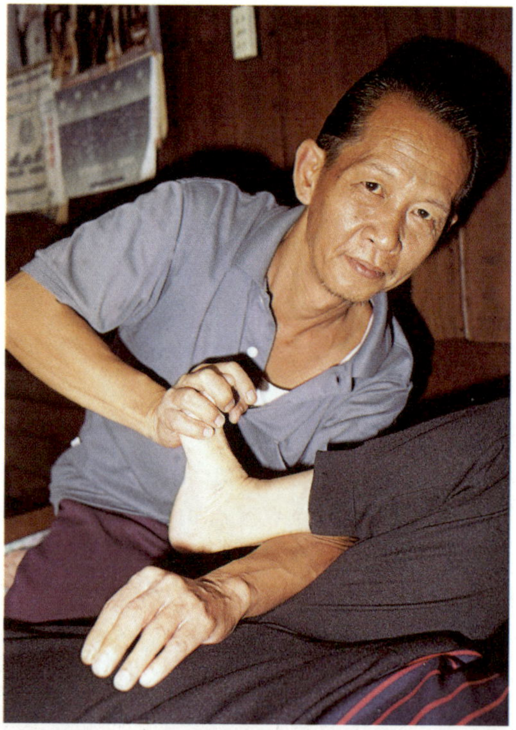

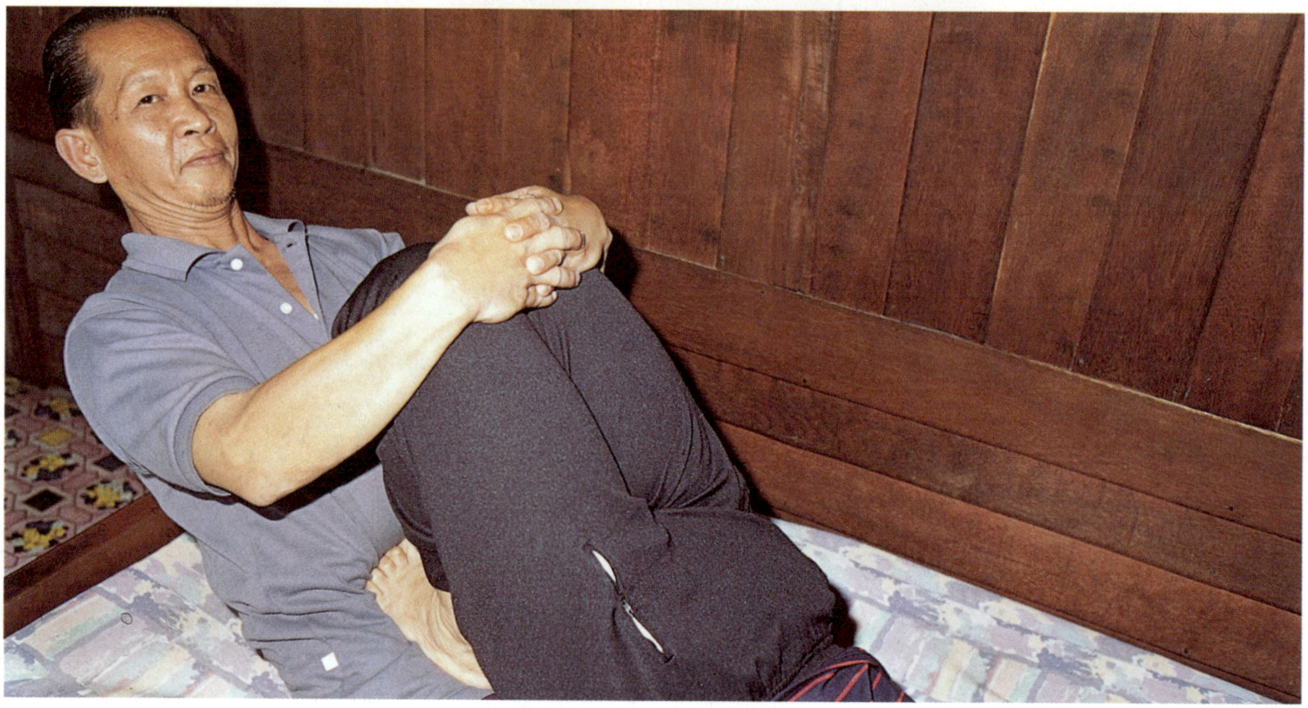

2. Geschichte

Die erste Wurzel

Die Pfahlwurzel der Thai-Massage steckt tief in der Erde Indiens und zieht Saft und Kraft aus dem *Ayurveda,* wie Indiens 3500 Jahre alte „Wissenschaft vom langen Leben" genannt wird. Im vorchristlichen Königreich Magadha, dem wichtigsten und mächtigsten Staat im damaligen Indien (im heutigen indischen Bundesstaat Bihar gelegen) herrschte König Bimbisara (540–490 v. Chr.), an dessen Hof in Rajagaha *Doktor Jivaka* als königlicher Leibarzt (= Komarabhacca) wirkte. Er gilt in Thailand als der Vater der Thai-Massage und überhaupt der (buddhistischen) Thai-Medizin.

Jivaka: in zahllosen thailändischen Klöstern wird der „Vater Doktor" als großer Heiliger verehrt

Dr. Jivaka, ein Mann der ersten Stunde in Buddhas Laienjüngerschar, war aber nicht nur der Leibarzt des Königs: Er war gleichzeitig der Arzt Buddhas und der buddhistischen Mönchsgemeinde (Sangha) in der Hauptstadt Rajagaha.
Dr. Jivaka Komarabhacca war eine Koryphäe seiner Zeit.
Er hatte in der Universitätsstadt Taxila studiert, einer Medizinhochburg, deren Ruf Scholaren aus allen Ecken Indiens und aus fremden Ländern anzog. Sein Lehrer soll der legendäre Atreya gewesen sein, der die Bewerber einer strengen Prüfung unterzog, bevor er sie zum Medizinstudium zuließ. Der junge Jivaka fiel schon bei der Aufnahmsprüfung durch seine herausragende Begabung auf: Der Professor sandte alle Kandidaten einzeln in die Wildnis mit der Aufgabe, in Wiesen, Wäldern, Busch, Ödland und an Sümpfen nach Pflanzen ohne Heilwert zu suchen. Bis zum Abend kehrten alle Prüflinge zurück, mit Unkräutern in der Hand. Nur Jivaka war abgängig, er erschien erst nach 3 Tagen, aber mit leeren Händen. Doch der erfolglose Jivaka allein hatte die Prüfung bestanden: Denn Pflanzen ohne Heilkraft gibt es nicht.
Dr. Jivaka wurde nach seinem 7jährigen Medizinstudium nicht gleich als oberster Arzt an den Königshof von Rajagaha berufen. Zunächst sammelte er Erfahrungen als Wanderarzt, machte sich aber bald als Chirurg und Kinderarzt einen Namen. Die Medizingeschichte schreibt Dr. Jivaka chirurgische Eingriffe wie Laparotomien (Bauchschnitte: operative Eröffnungen der Bauchhöhle) und Schädeltrepanationen (Eröffnungen der Schädelhöhle) zu.
Dr. Jivaka wurde sogar die Ehre zuteil, in den klassischen heiligen Schriften des Buddhismus, dem *Pali-Kanon,* mehrfach genannt zu werden.
Der Pali-Kanon, im 1. Jahrhundert vor Christus auf Palmblättern niedergeschrieben und thematisch in 3 Körben sortiert (daher der andere Name „Tripitaka“ = „Dreikorb“), ist das früheste schriftliche Zeugnis des Buddhismus: die Richtschnur des Urbuddhismus.

Buddha: sein Geist beseelt Nuad

Prinz Siddharta Gautama, genannt Buddha (= der Erwachte), zog, nachdem er das Rad der Lehre in Bewegung gesetzt hatte, 45 Jahre als heimatloser Wanderprediger und Bettler (Bhikkhu) durch den Nordosten Indiens, von Dorf zu Dorf. Im Großreich des Königs Bimbisara befanden sich 18 (!) feste Quartiere für Buddha und seine Mönche, die alljährlich für 3 oder 4 Monate das Wanderleben unterbrechen mußten, wenn die Sturzfluten des Sommermonsuns den Boden aufweichten. Die Vikars – Klöster –, wie die festen Herbergen der ursprünglich nicht seßhaften Mönchsgemeinschaften genannt wurden, wurden den pilgernden Bettelmönchen als Stützpunkte von reichen Gönnern zur Verfügung gestellt: Es waren Bambushütten in einem Hain mit Lotosteichen, Fächerpalmen, Mangobäumen und Njagrodhabäumen, aus dessen Luftwurzeln neue Stämme werden.
Buddha selbst besuchte immer wieder die Königsstadt Rajagaha. Dabei kehrte er gerne in das Quartier Ambavana am Fuß der Geierspitze ein, das ihm ein berühmter Laienanhänger überließ: unser Dr. Jivaka, der königliche Leibarzt. Wenn der „Erhabene" hier zu weilen geruhte, verwandelte sich Dr. Jivakas Mangogarten nicht nur in einen Ort der stillen Meditation, sondern in ein betriebsames Besucherzentrum: Mönche, Pilger, Ratsuchende, Sympathisanten sowie Gegner kamen aus nah und fern. Die einen suchten Trost und Hilfe zu seinen Füßen, die anderen – z. B. die mit ihm konkurrierenden Jaina-Mönche – wollten den Religionsstifter in Streitgesprächen und Redekämpfen besiegen. Je nachdem, welcher zeitgenössischen Quelle wir glauben, gab es damals 62 bis 363 einander widersprechende Lehren über die Weltseele.
Eine der Episoden über Dr. Jivaka, beschrieben im hl. Pali-Kanon: Großkönig Ajatasattu von Magadha – der Sohn von König Bimbisara – saß, umgeben von seinen Ministern und Hofräten, in einer Vollmondnacht im Oktober auf dem Turmdach seines Palastes. In dieser letzten Vollmondnacht der Regenzeit, Lotosnacht genannt, erhob der König seine Stimme: „Herzerfreuend fürwahr ist die Vollmondnacht, prachtvoll fürwahr ist die Vollmondnacht, lieblich fürwahr ist die Vollmondnacht, beglückend fürwahr ist die Vollmondnacht. Welchen Shramana (Buddhamönch) oder welchen Brahmanen (Hindupriester) soll ich heute verehren und hören, damit ich mein Gemüt zur Ruhe kommen lasse und meine Seele erfreue." Die Minister nannten verschiedene Namen von berühmten Weisen und Heiligen und machten dem König Vorschläge. Nur der ebenfalls anwesende Hofarzt Dr. Jivaka blieb stumm, obwohl er in diesen Tagen gerade Buddha beherbergen durfte. „Du aber, Freund Jivaka, warum schweigst du?" erkundigte sich der Herrscher. Jetzt sprudelte es aus Dr. Jivaka hervor: „In meinem Mangogarten, o König, weilt er, der Erhabene, Heilige, höchste Buddha mit einer großen Schar von Jüngern, mit dreizehneinhalb Hundert von Mönchen. Von ihm, dem erhabenen Gautama, geht heilbringender Ruhmesruf durch die Welt, nämlich: ‚So ist der Erhabene, Heilige, höchste Buddha, der mit Wissen und rechtem Wandel Ausgestattete, der Weltkenner, der unübertreffli-

che Lenker der zu zähmenden Menschen, der Meister der Götter und Menschen'. Ihn mögest du hören, o König, um dein Gemüt zur Ruhe kommen zu lassen und deine Seele zu erfreuen."
„Dann also, lieber Jivaka, laß Elefanten bereitstellen!" erwiderte kurz entschlossen der König. So zog der Herrscher mit königlichem Pomp von seiner Residenz auf seinem Staatselefanten, eskortiert von 500 Elefantenweibchen, im Fackelschein in der klaren Nacht aus Rajagaha hinaus zum Mangohain seines Chefarztes Dr. Jivaka, der den König begleitete.
Buddha saß lehrend in einer Rundhalle am Mittelpfeiler, als der König ankam. Seine Majestät verneigte sich mit zusammengelegten Händen vor dem Erhabenen und setzte sich an dessen Seite. Buddha stellte sich seinen Fragen. Der von den Thais liebevoll „Vater Doktor" genannte Hofarzt Jivaka, der der Überlieferung nach an der Wiege der Thai-Massage stand, war also ein einflußreicher indischer Arztpionier im 6./5. vorchristlichen Jahrhundert. Sein Medizinsystem bestand aus diesen 4 Zweigen:
1. Massage, 2. Kräuterkunde, 3. Diät und 4. spirituellen Praktiken.
Der heiligmäßige „Vater der Medizin" aus buddhistischer Sicht, Dr. Jivaka, wurde bei der Schaffung der Massagekunst von seinem hochentwickelten intuitiven Sinn geleitet, ebenso aber von den Hindu-Traditionen des *Ayurveda,* der altehrwürdigen heilenden Wissenschaft Indiens, einerseits und des *Yoga* anderseits. So ist Dr. Jivaka zwar der Vater der Thai-Massage, aber deren Urahnen sind die Yogameister, Asketen, Wanderheiligen, kurzum die sogenannten *Rishis* (Seher der Wahrheit), die vor Tausenden Jahren in den Himalayavorbergen Nordindiens im Einklang mit der Natur gelebt haben.

Der Rishi des Königstempels Wat Phra Keo in Bangkok

Ayurveda beansprucht göttliche Autorität. Der Legende nach versammelten sich in Urzeiten Indiens Weisheitslehrer – die Rishis – im Himalaya, um zu beraten, wie sich die von Krankheiten und Seuchen befallenen Erdenbewohner der Gebrechen des Körpers und des Geistes erwehren könnten. Die zusammengekommenen großen Rishis beschlossen, einen der ihren, nämlich Bharadvaja, himmelwärts zum Götterkönig Indra zu schicken, um demütig das Geheimnis des Heilens zu erfragen.

Rishi Bharadvaja

Nachdem ihm Indra die „Wissenschaft des langen Lebens" enthüllt hatte, vertraute der eingeweihte Rishi Bharadvaja das gesamte Heilwissen den anderen Weisen an, u. a. Atreya, der uns schon als angeblicher Lehrer unseres Dr. Jivaka begegnet ist. Im Mythos ist also Indiens Heilkunst gleichsam als Geschenk der Götter vom Himmel gefallen.
Der wahre Kern der Geschichte: Die Rishis haben in tiefer Meditation und Innenschau ewige Weisheiten erfahren: Die „inspirierten" als Heiler tätigen Heiligen haben aber gleichzeitig durch fortgesetzte ärztliche Beobachtungen Erfahrungsschätze an Wissen und Können gesammelt.
Kurz und bündig: Dem kosmischen Bewußtsein und den Erfahrungen der Rishis sind also Altindiens Medizinkunde (Ayurveda) und Yoga entsprungen, aus deren Quellen Dr. Jivaka geschöpft hat. Die Thailänder haben das nie vergessen. Ihre Hochschätzung gilt daher neben Buddhas Arztfreund Dr. Jivaka den Rishis, Indiens Weisheitslehrern.
Ayurveda und Yoga – die beiden indischen Wegbereiter der Thai-Massage – sind wohl miteinander verwandte Systeme, aber sie haben sich durch die Jahrhunderte getrennt und selbständig

entwickelt. Beide Disziplinen scheinen sich schon im vorarischen Indien angebahnt zu haben – in der hochentwickelten Industal-Kultur (3000–2000 v. Chr.).
Ayurveda: Die indogermanischen Stämme, die sich Arier (Edle) nannten, drangen ab 2000 v. Chr. in Indien ein: Ihre Rishis begannen ab 1500 v. Chr. das in Ekstase „erschaute" heilige Wissen – die *Veden* – niederzuschreiben. Die Veden sind Indiens Quelle für Religion, Philosophie und Wissenschaft.
Der „Ayurveda", ein Anhang zum um 1200 v. Chr. verfaßten Atharvaveda, ist das früheste Gesundheitsbuch Indiens. Es spiegelt den Wissensstand der magisch-religiösen Medizin, die zwar schon Operationen und den Gebrauch von Prothesen kennt, aber noch sehr viel von Dämonenbeschwörungen, Zaubersprüchen und Amuletten hält. Von den Atharvans, Indiens Schamanen und Medizinpriestern, grenzen sich aber schon in spätvedischer Zeit (1000–500 v. Chr.) allmählich Berufsärzte ab: die Vaidyas, wissenschaftlich gebildete, hochangesehene ayurvedische Heilkünstler von hoher Standesethik. Medizingelehrte wie Susruta oder Caraka verfaßten große ärztliche Sammelwerke (Samhitas).
Im sechsbändigen Standardwerk „Illustrierte Geschichte der Medizin" erfahren wir: „Zusammenfassend kann man sagen, daß in den 6 bis 7 Jahrhunderten vor Beginn der christlichen Zeitrechnung das Lehrgebäude des Ayurveda entwickelt worden ist, das noch heute die Grundlage der traditionellen indischen Medizin darstellt." Der Schlüssel zur Medizinphilosophie Indiens war und ist die Tridosa-Lehre (Tridosa = wörtlich: Drei Säfte). Die Dosa sind gleichsam die Komponenten der Urkraft. Wenn eine oder mehrere der 3 bioenergetischen Kräfte, die alle biologischen Abläufe im Körper regeln, zu stark oder zu schwach auftritt, wird der Mensch krank. Gesund bleibt oder wird er nur, wenn die 3 Dosa im Gleichgewicht sind. Massage z. B. hilft die dynamischen Kräfte, sprich Dosa, ausgleichen.
Yoga: Zwar hat der altindische Yoga-Theoretiker Patanjali sein grundlegendes Standardwerk („Yoga-Sutra") nicht vor dem 2. vorchristlichen Jahrhundert geschaffen, aber Ausgrabungen in Harappa und Mohenjo Daro förderten schon ikonographische Darstellungen von Körperhaltungen (Asanas) des Yoga in der Industal-Kultur des 3. Jahrtausends vor Christus zutage.
Was die Massage betrifft: Ayurveda kannte schon früh Energiepunkte, aktivierte sie aber nicht wie die Chinesen durch Nadeln, sondern durch Fingerdruck: Ayurveda praktizierte also eine Art frühe Akupressur. Jeder Vaidya und jeder Yogameister konnte die Ölmassage lehren. Massage als Selbsthilfe war im alten Indien gang und gäbe. Der Gesetzgeber Manu, der um 800 v. Chr. gelebt haben soll, erstellte in seinem Gesetzbuch Richtlinien für die allgemeine Lebensführung und Körperpflege: Zur Körperertüchtigung und Gesunderhaltung standen auf dem Tagesprogramm: Bad, Gymnastik – und Massage. Berufsmäßig waren damals die Barbiere für die Massage zuständig.

*

Im 3. Jahrhundert vor Christus verbreiteten buddhistische Sendboten den Buddhismus süd-, nord-, ost- und westwärts: sogar bis Europa (Makedonien).
Kaiser Ashoka (272–232 v. Chr.), einer der größten Herrscher Indiens – sein Großreich umfaßte 3/4 des indischen Subkontinents – war zunächst ein machtgieriger, kriegslüsterner Potentat, bevor er für die friedfertige Buddha-Lehre entflammte und sich zum Laienanhänger des Erleuchteten erklärte. Was Kaiser Konstantin für das Christentum war, war Kaiser Ashoka für den Buddhismus: Er förderte die neue Religion staatlich und verhalf ihr zum Durchbruch.
Das Wohlergehen der Bürger lag Ashoka am Herzen: Er stiftete Spitäler für Menschen und Tiere, ließ Heilkräutergärten anlegen und trieb die Ausbildung von Ärzten und Krankenpflegern an.
Kaiser Ashoka war es, der den Aufstieg des Buddhismus zur Weltreligion einleitete und buddhistische Missionare aussandte, die damals schon Thailand erreichten. Zur Geistesfracht, die sie auf dem Seeweg nach Thailand beförderten, gehörte der medizinische Wissensschatz des Massage-Vaters Dr. Jivaka.
Festen Fuß faßten der buddhistische Glaube und die buddhistische Medizin in Thailand um die Zeitenwende. In Thailand selbst wurde Nakhon Pathom (= die erste Stadt) mit einer majestätischen Stupa (Kultstätte) der Drehpunkt der buddhistischen Sendung. Nakhon Pathom (56 km westlich von Bangkok) – die Keimzelle des thailändischen Buddhismus – war damals noch unmittelbar am Meer gelegen und eine bedeutende Hafensiedlung. Die in die „Hauslosigkeit“ gezogenen kahlgeschorenen Mönche und Missionare in gelber Kutte durchwanderten das Land kreuz und quer, ihre einzige erbettelte Mahlzeit vor dem höchsten Sonnenstand verzehrend, schweigend, lehrend, helfend, nicht zuletzt eben durch die Massagepraktiken des Dr. Jivaka, die zu ihrem Rüstzeug gehörten.

Wandermönche haben in Thailand das buddhistische Heils- und Heilwissen verbreitet

Als sich die altindische Massage – die rohe Urform der heutigen Thai-Massage – damals auf dem Gebiet des heutigen Thailand ausbreitete, waren die tonangebenden Völker die indisierten *Mon* und die kambodschanischen *Khmer.* (Das damalige buddhistische Missionszentrum Nakhon Pathom war die Hauptstadt eines Reiches der Mon, der „Griechen Südostasiens".) Die echten *Thai* wanderten erst ab dem 7. nachchristlichen Jahrhundert in Wellen aus China ein. Im Lauf der Zeit bereicherten die einheimischen Traditionen der alteingesessenen Bevölkerungen Thailands, namentlich der Mon und der Khmer – beides Völker von höchster sensibler Schöpferkraft – das praktizierte Massagesystem.

Wat Kukut in Lamphun (Thailand): ein Tempel der Mon, der „Griechen Südostasiens"

Der Einfluß indischen Gedankengutes in die Kultur Thailands war freilich nicht mit der buddhistischen Missionierung des Landes zu Ende: Als die Thai 1287 ihr erstes unabhängiges Königreich mit der Hauptstadt Sukothai gründeten, wurden Brahmanen, also Hindupriester, als Hofkleriker bestellt, die indische Traditionen pflegten. Sukothai, die Wiege der *eigentlichen* Thai-Kultur, stand zudem von Anfang an in regem personellen und gedanklichen Austausch mit dem Buddhismus in Ceylon (heute Sri Lanka). Gelehrte buddhistische Mönche brachten aus dem buddhistischen Kernland Ceylon heilige Schriften und Reliquien Buddhas nach Sukothai. Indisches war nicht nur Firnis im alten Siam: Thailands Könige gaben sich früher als Inkarnationen des Buddha oder des Hindugottes Vishnu aus.

Sukothai, erste Thai-Hauptstadt: das ist vom Königstempel geblieben

Die zweite Wurzel

Reicht die Keimwurzel der Thai-Massage nach Indien, so erstreckt sich die zweite Hauptwurzel bis China, liegt doch Thailand am Schnittpunkt der Kulturen Indiens und Chinas. Das Vokabular der Thai-Medizin aus dem Sanskrit, der heiligen Gelehrtensprache Indiens, läßt aber keinen Zweifel, daß die Ayurveda-Tradition überwiegt. Dennoch: das mächtige Reich der Mitte im Norden Thailands hat bei der Schöpfung der Thai-Massage kräftig mitgemischt. Erstens stammen die Thai selber aus China und zweitens wurde die Thai-Kultur im Zuge der Handels- und Kulturbeziehungen ständig vom Kaiserreich China befruchtet.

Die Thai-Massage wurzelt also in den ältesten Medizintraditionen – denen von China und Indien.

Die erste Erwähnung bzw. früheste Aufzeichnung von Massage in der Menschheitsgeschichte finden wir im „Huangdi Neijing" („Des Gelben Kaisers klassisches Buch der Inneren Medizin"), dem ältesten medizinischen Lehrbuch der Welt, das zwar erst im 5. Jh. v. Chr. niedergeschrieben wurde, aber eine schon damals zweitausendjährige Tradition zusammenfaßte, die auf den mythischen Kaisergott Huangdi (2697–2597 v. Chr.?) zurückgeführt wird. Huangdi gilt als der Begründer der traditionellen chinesischen Medizin, und das sich auf ihn berufende Grundwerk hat schon in grauester Vorzeit Massage, basierend auf dem Energienetz des Menschen, empfohlen.

Kaisergott Huangdi, Begründer der Medizin

Die Medizin am Gelben Fluß ist eine Ganzheitsmedizin, eingebettet in einen kosmischen Zusammenhang: Der Mensch hat seinen Platz zwischen Himmel und Erde, ist also verbunden mit dem Universum. Die Krankheit des Menschen ist demnach nichts anderes als der Bruch mit dem Himmel und der Erde, also mit dem Kosmos. Der Mensch ist „die Welt im kleinen" (Mikrokosmos), das Universum „die Welt im großen" (Makrokosmos). Mit anderen Worten: unser Organismus ist ein Abbild des Universums.
Die Heilkünstler der altüberlieferten chinesischen Medizin sind keine Stubengelehrten, sondern Erfahrungswissenschaftler, die das Naturgeschehen andauernd beobachten und die Zusammenhänge zwischen den Vorgängen in der Natur des Makrokosmos (Weltall) und des Mikrokosmos (Mensch) sorgfältig registrieren. Der Mensch nimmt die kosmische Energie (Qi) einerseits durch die Nahrung (Erd-Qi) und anderseits durch die Atmung (Himmels-Qi) auf. Die Urkraft Qi besteht aus 2 einander entgegengesetzten (polaren), aber sich wechselseitig ergänzenden Komponenten: Yin und Yang, die das Universum regieren.

Yin und Yang

Qi kreist in „Meridianen“ (Bahnen, Kanälen, Leitungen) im menschlichen Körper. Solange die Lebensenergie stockungsfrei fließt und Yin und Yang sich im Gleichgewicht befinden, ist der Mensch gesund. Wenn aber der Energiekreislauf blockiert ist bzw. Yin über Yang oder Yang über Yin herrscht, ist der Mensch krank. Gesunderhaltung und Heilung beruhen also darauf, die Harmonie von Yin und Yang und den freien Fluß der Lebensenergie zu gewährleisten. Darauf konzentrieren sich alle heilkundlichen Bemühungen in China. Massage ist in China das Hausmittel schlechthin, um durch Pressur von Energiepunkten und Energielinien des menschlichen Körpers Blockaden des Energieflusses zu beseitigen und Yin und Yang bei Disharmonie auszugleichen, d. h. zu „sedieren“ (dämpfen) bei Überfülle oder zu „tonisieren“ (anzuregen) bei Schwäche. Das erstickt Krankheiten im Keim und aktiviert die Selbstheilungskraft des Körpers. Die chinesische Massage besteht aber nicht nur aus der einfachen, leicht anzuwendenden Akupressur, sie ist darüber hinaus reich an kunstgerechten Handgriffen und manuellen Techniken des Klopfens und Klatschens. Bei Schmerzen aller Art, Prellungen, Verstauchungen und dergleichen haben sich in Chinas Geschichte als Heilbehandler zumeist Blinde und alte Frauen durch besonderes Geschick hervorgetan. Doch selbst Starärzte – gepriesene „Medizinkönige“ – wie Bian Que (407–310 v. Chr.), der als bedeutendster Arzt des chinesischen Altertums gilt, waren versierte Masseure.
Die traditionelle chinesische Medizintheorie und Massagepraxis durchbrachen die Grenzen des Reiches der Mitte und bahnten sich den Weg auch nach Siam, dem heutigen Thailand.
So verschmolzen die indischen und die chinesischen Traditionen der Massagekünste sowie die heilkundlichen Elemente der Mon und der Khmer mit den eigenen siamesischen Inspirationen. Das ließ eine in der Welt einzigartige Massage-Form entstehen, die von der Thai-Kultur nicht wegzudenken ist.

Die Tempel waren die Heilzentren des Landes

Die Heimstätten

Die Heimstätten der Thai-Massage waren von Anfang an die buddhistischen Wat. Die Mönche und Nonnen nutzten die Thai-Massage selber zur Einstimmung in den meditativen Bewußtseinszustand, und sie boten dem Volk Massagedienste zu Heilzwecken an. Die Tempel und Klöster waren die Gesundheitszentren des Landes.
Die Geheimnisse der Thai-Massage wurden im Gedächtnis bewahrt und von Lehrer zu Schüler weitergegeben, also mündlich übermittelt. Man war nämlich lange der Meinung, daß schriftliches Fixieren die Gefahr des Untergangs des Wissens in sich birgt. Denn Geschriebenes vermittelt keine Erfahrungen, lediglich Worte und Ideen: totes Wissen. Was aber bei der Übermittlung der Massagekunst gefordert ist, ist lebendiges Verstehen. Das Geheimnis muß mit dem Herzen – dem ganzen Sein und Wesen – erfaßt werden: muß voll und ganz erlebt werden. Dennoch wurden die maßgebenden Originaltexte schließlich niedergeschrieben: in der Thai-Sprache, aber in der Khmer-Schreibschrift. Denn ein spezifisches Thai-Alphabet wurde erst im Jahre 1283 geschaffen, abgeleitet von indischen Schriftzeichen. Die Texte wurden in Palmblätter geritzt, und die so entstandenen Gravuren wurden mit einer Art Tinte, aus Asche hergestellt, ausgefüllt. Die beschrifteten Palmblätter wurden mit Fäden zu streifenartigen Heften und Büchern gebündelt. Das in schriftliche Form gebrachte altüberlieferte Medizin- und Massagewissen wurde wegen seines hohen Stellenwerts zusammen mit den heiligen Schriften im Hofarchiv und in den Klosterbibliotheken verwahrt und verehrt.

Traditionelle Klosterbibliothek in Thailand

Die prächtigste Metropole der damaligen Welt war Ayutthaya, ab 1350 über 400 Jahre lang die goldglänzende Hauptstadt von Siam (wie Thailand früher hieß), des damals mächtigsten Staates in Südostasien. Sie erregte ungläubiges Staunen der Kaufleute und Diplomaten aus Europa. Der französische Diplomat Simon de la Loubère, Gesandter des Sonnenkönigs Ludwig XIV.

Versunkene Pracht: Ayutthaya

Ayutthaya ging unter, nicht aber Nuad

am Königshof von Ayutthaya, schilderte 1690 seinen Landsleuten die drastischen Massagegepflogenheiten im alten Thailand: „Wenn in Siam jemand krank ist, läßt er seinen ganzen Körper von einem Geübten bearbeiten, der sich über den Körper des Patienten hermacht und auf ihm mit seinen Füßen herumtrampelt.“ Im Jahre 1767 aber eroberten, plünderten und verwüsteten die Birmaner Ayutthaya mit seinen 400 Tempeln und Palästen. Alle Manuskripte – unersetzliche Werte und Raritäten der siamesischen Geschichte, Literatur, Kultur und Wissenschaft – wurden von den brandschatzenden Siegern vernichtet. Selbst die schriftlich fixierten antiken Texte der Thai-Medizin und -Massage fielen der Zerstörung zum Opfer.
Die geretteten Fragmente der Dokumente der Traditionellen Thai-Massage wurden später – 1832 – von König Rama III. gesammelt, der sie in der neuen Hauptstadt Bangkok in Stein gravieren ließ. Wir sind diesen Steintafeln mit den 60 Figuren, auf denen die Energiebahnen des menschlichen Körpers verzeichnet sind, schon im Wat Pho begegnet.

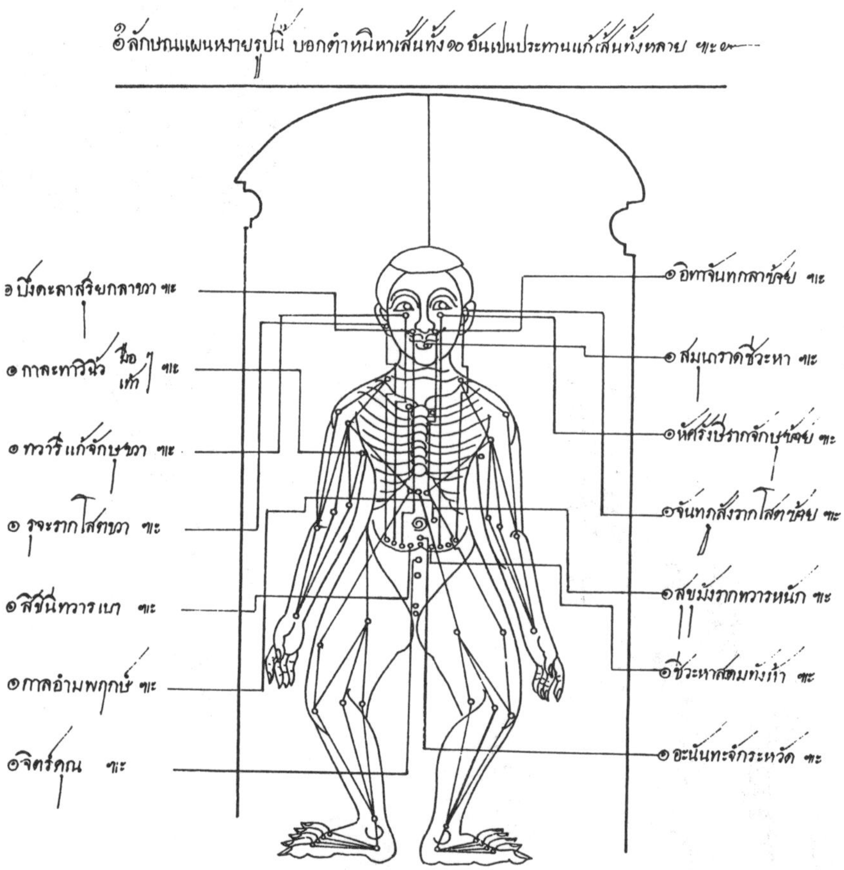

Eines der Diagramme, die auf den historischen 60 Steintafeln Ramas III. basieren

Praxis

1. Selbstmassage

Auf dem Klostergelände des Wat Pho in Bangkok haben wir Statuen von indischen Rishis (Eremiten) angetroffen, die die von ihnen entwickelte „Kunst der Selbsthilfe" zur Schau stellen (S. 12 – S. 16), gleichsam die Vorstufe oder Urform der Thai-Massage. Sie ist das Kleine Einmaleins der thailändischen Volksheilkunde: ein „Erste-Hilfe- Programm" in Notfällen. Die folgenden Illustrationen im traditionellen Thaistil aus der Regierungszeit König Ramas III. demonstrieren die 80 heilsamen Positionen und Griffe des „Thai-Yoga", die mit Ausnahme von 2 ohne Hilfe eines Partners praktiziert werden können.

(Jede Übung mehrmals wiederholen, abwechselnd rechts- und linksseitig)

1 Allgemeine Schwäche Konzentrationsmangel

Setzen Sie sich mit überkreuzten Beinen (oder im Fersensitz) auf den Boden. Verschränken Sie die Hände und strecken Sie die Arme aus, die verschränkten Finger nach innen drehend. Beim Ausstrecken der Arme tief einatmen. Im Zustand der äußersten Streckung den Atem kurz anhalten. Dann ausatmen und sich entspannen.

2 Kreuzschmerzen

Sie sitzen mit überkreuzten Beinen auf dem Boden (oder stehen aufrecht) mit in die Hüfte gestemmten Armen. Drücken Sie mit den Daumen entlang des Beckens bis zur Wirbelsäule und hernach beidseits des Rückgrats bzw. der Lendenwirbel aufwärts. Dann erfolgt die Daumendruckmassage in umgekehrter Richtung – zurück zum Ausgangspunkt. Bei jedem Daumendruck atmen Sie tief ein. Beim Loslassen atmen Sie aus und entspannen Sie sich.

3 Kreuzschmerzen Beinbeschwerden

Schleudern Sie wie ein Thai-Boxer ein Bein gestreckt nach vorn, und heben Sie es so hoch wie möglich.

4 Brustkorbbeschwerden Kreuzschmerzen

Sie stehen aufrecht und machen – einatmend – mit einem Fuß einen Schritt nach vorne. Gleichzeitig heben Sie den Arm derselben Seite hoch, der andere Arm stützt sich auf die hintere Hüfte. Mit erhobenem Gesicht drehen Sie sich so weit wie möglich nach hinten herum. Die Arme zurückziehend atmen Sie aus.

5 Armbeschwerden

In der Hocke heben Sie einen Arm und biegen ihn ab. Der andere Arm stützt den Ellbogen. Sie drehen sich langsam zur Seite, den Ellbogen in dieselbe Richtung ziehend. Dabei atmen Sie ein.

6 Beinbeschwerden

Auf dem Boden sitzend, strecken und spreizen Sie die Beine beim Einatmen. Die Hände unterstützen unter den Oberschenkeln die Spreizbewegung der Beine.

7 Fußsohlenbeschwerden

Sie knien und setzen sich zurück – der Po berührt zwischen den Füßen den Boden. Während Sie einatmen, lehnen Sie sich, gestützt auf die Arme, zurück und drücken die Hände auf die Fußsohlen. Kopf hoch, Brust heraus. Sie massieren die Fußsohlen bis zu den Zehenspitzen.

8 Kopfschmerzen

Sie sitzen auf dem Boden, die Ferse des rechten Beins am Damm, das linke Bein aufgestellt und angezogen. Während Sie einatmen, heben Sie die Hände und falten sie über dem Kopf. Ausatmen und entspannen.

9 Bauchschmerzen Magenkrämpfe

Sie knien, ein Knie nach hinten versetzt. Der Körper ist gestreckt. Während Sie tief einatmen, drückt die eine Hand das vordere Knie, die andere stemmt das Kinn hoch.

10 Schulterbeschwerden
Bauschschmerzen
Brustkorbbeschwerden

Im Schneidersitz (oder im Fersensitz) preßt eine Hand die Stirn, die andere den Hinterkopf. Dabei atmen Sie tief ein. Der Oberkörper wird maximal gedehnt, die Brust herausgedrückt. Ausatmen und entspannen.

11 Eingeschlafene Beine

Im Stand ziehen Sie mit beiden Händen einen Fuß hoch, das Bein bleibt gestreckt. Dabei atmen Sie ein. Ausatmend entspannen Sie sich.

12 Muskelsteifheit
Wadenkrämpfe

Sie stehen fest auf dem Boden. Während Sie einatmen, umfaßt eine Hand den Knöchel und zieht das angewinkelte Bein hoch. Die andere Hand drückt die Schläfe. Brust heraus.

13 Hüftbeschwerden

Sie sitzen mit gespreizten Beinen auf dem Boden und erheben – einatmend – beide Füße bis an die Schultern (bzw. so hoch wie möglich). Die Hände liegen gefaltet am Damm. Den Körper streckend atmen Sie aus.

14 Allgemeine Schwäche

Sie knien, der Po berührt zwischen den Füßen den Boden. Die Hände liegen auf den Knien. Beim tiefen Einatmen Brust heraus und Gesicht empor. Ausatmen, entspannen.

15 Bauchschmerzen
Schulterbeschwerden

Sie sitzen im Vollkommenen Sitz (= die angewinkelten Beine extrem gespreizt, die Ferse des linken Fußes am Damm, die Ferse des rechten Fußes am Schambein). Heben Sie – langsam einatmend – die Schultern und die leicht angewinkelten Arme (die Hände – Handrücken oben – zeigen nach außen). Brust heraus. Ausatmen und entspannen.

16 Unterleibsbeschwerden Hodenprobleme

Sie sitzen mit gestreckten Beinen auf dem Boden. Während Sie tief einatmen, berühren die Hände die Zehenspitzen. Langsam ausatmen und entspannen.

17 Beinbeschwerden

Sie sitzen auf dem Boden, mit aufgestellten und angezogenen Beinen, und überkreuzen die Füße. Dabei lehnen Sie sich an eine Wand. Sie heben beim tiefen Einatmen die Beine mit beiden Händen an den inneren Oberschenkeln hoch.

18 Verdauungsstörung

Sie sitzen im Lotossitz, verschränken die Arme und umklammem mit beiden Händen fest die Oberarme. Beim Druck einatmen, dann ausatmen und entspannen.

19 Brustkorbbeschwerden

Sie stehen auf einem Bein, das Sie mit dem abgebogenen anderen Bein kreuzen. Sie halten sich gerade. Das Kinn legen Sie zwischen die Hände. Während Sie tief einatmen, drücken Sie das Kinn mit beiden Händen hoch.

20 Hodenprobleme

Partnerübung. Sie knien mit einem Bein, das andere Bein strecken Sie nach hinten. Der Partner drückt einen Fuß auf Ihre Hüfte und zieht mit seinen Händen Ihr gestrecktes Bein und Ihren Rumpf hoch. Sie falten dabei die Hände oder stützen die Ellbogen auf den Boden.

21 Migräne

Sie sitzen im Schneidersitz. Mit der rechten Hand greifen Sie unter das Kinn, die linke Hand legen Sie auf die Stirn. Während die rechte Hand das Kinn festhält, drücken Sie – einatmend – mit dem Daumen der linken Hand auf die Schläfe. Dann atmen Sie langsam aus und entspannen sich.

22 Für Langlebigkeit

Sie stehen aufrecht. Einatmend bücken Sie sich mit geraden Beinen, beide Hände berühren den Boden. Ausatmend richten Sie sich auf. Entspannen. Einatmen und die Knie wie ein Hampelmann nach außen beugen, ausatmen und die Knie durchstrecken.

23 Kniebeschwerden

Sie stehen auf einem Bein. Das andere Bein biegen Sie ab, wobei Sie den Fuß auf das Knie des leicht geknickten Stehbeins legen. Falten Sie die Hände vor dem Gesicht und drehen Sie Ihren Körper nach rechts und dann nach links.

24 Kreuzschmerzen Hüftbeschwerden

Breitbeinig stehend beugen Sie die Knie nach außen. Sie ballen die Hände zu Fäusten, die Sie beidseitig in die Taille drücken. Mit Faustdruck massieren Sie die Hüftseiten und die Oberschenkel abwärts.

25 Kniebeschwerden Beinbeschwerden

Sie stehen auf einem Bein. Das andere biegen Sie ab und umfassen es am Knöchel. Dabei atmen Sie ein.

26 Brustkorbbeschwerden

Sie stehen auf einem Bein. Das andere biegen Sie ab und umfassen es am Knöchel. Während Sie tief einatmen, ziehen Sie am Knöchel den Fuß hoch. Der Rumpf neigt sich dabei. Der freie Arm ist nach vorn gestreckt.

27 Muskelkrampf

Partnerübung. Sie liegen auf dem Boden. Der Partner, der sich mit seinem Fuß an Ihrer Hüfte abstützt, zieht an Ihrer Hand und an Ihrem Fuß.

28 Allgemeine Schwäche

Fersensitz. Die Hände umfassen ein Bein und heben gleichsam den Körper hoch.

29 Hand- und Fußkrampf

Sie stehen breitbeinig und beugen Ihre Knie nach außen. Die Hände stützen sich an den Oberschenkeln ab. Während Sie einatmen, heben Sie ein Bein und drücken es.

30 Brustkorbbeschwerden

Sie liegen auf dem Boden. Tief einatmend, legen Sie Ihre Arme gestreckt neben den Kopf. Ausatmend legen Sie Ihre Arme an den Körper.

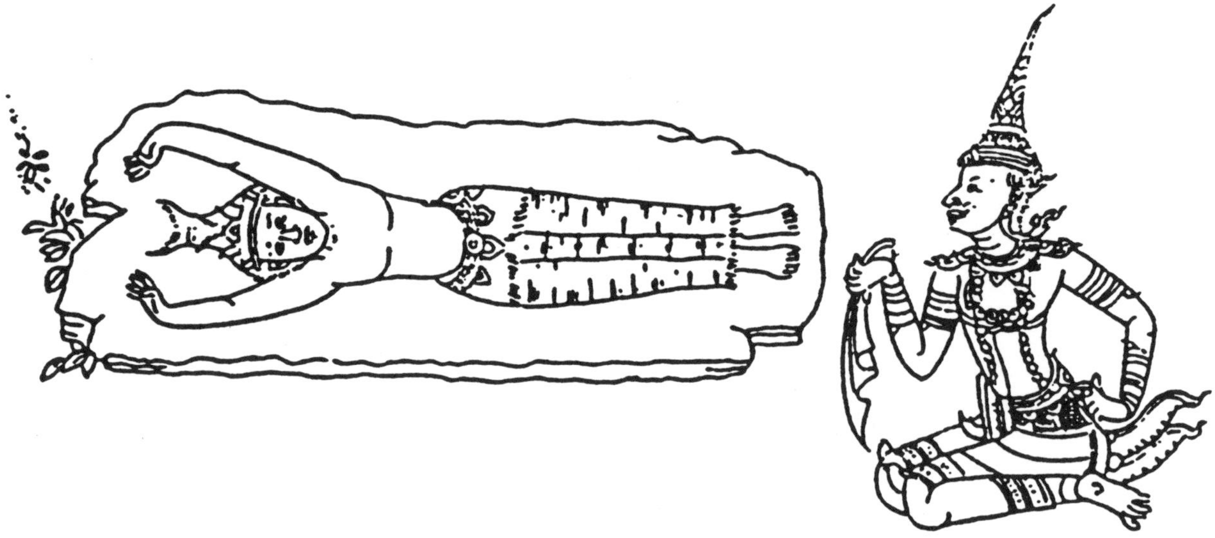

31 Kniebeschwerden Beinbeschwerden

Sie stehen mit versetzten Beinen, die Knie leicht eingeknickt, den Oberkörper zur Seite gedreht. Sie drücken gleichzeitig mit der einen Hand das Knie und mit der anderen die Hüfte. Spannen Sie dabei Ihre Beinmuskeln an.

32 Schwindel

Schneidersitz. Sie massieren mit der einen Hand den Nacken, mit der anderen das Bein.

33 Brustkorbbeschwerden

Sie stehen mit geschlossenen Beinen. Sie beugen Kopf und Oberkörper zurück, drücken die Brust heraus und strecken die Arme nach hinten. Dabei atmen Sie tief ein.

34 Beinbeschwerden Nackenschmerzen

Der Eremit hockt mit gespreizten Beinen auf den Zehenspitzen. Seine Knie berühren dabei den Boden. Während er tief einatmet, drückt er die Brust heraus, hebt den Kopf und blickt himmelwärts. Wer macht ihm das Kunststück nach?

35 Knie- und Beinschwäche

Sie sitzen mit angezogenen Beinen auf dem Boden und kreuzen die Unterschenkel. Während Sie tief einatmen, stecken Sie die Arme zwischen den Kniekehlen durch und berühren mit den Händen den Boden.

36 Armschwäche

Im Sitzen umschließt eine Hand die andere, Handfläche auf Handfläche. Während Sie tief einatmen, strecken Sie die Arme nach vorne aus, die Hände aufbiegend.

37 Schulterbeschwerden

Sie knien und setzen sich zurück – zwischen Ihre Füße. Sie ergreifen die Fußspitzen. Einatmend ziehen Sie an den Beinen. Kopf hoch, Brust heraus.

38 Brustkorbbeschwerden

Fersensitz. Sie strecken die Arme und legen die Hände (Finger einwärts) auf die Knie. Während Sie einatmen, spannen Sie die Knie an, strecken die Brust heraus und heben den Kopf. Kurz den Atem anhalten, dann ausatmen und entspannen.

39 Verschleimte Kehle

Vollkommener Sitz. Eine Hand liegt passiv auf dem Knöchel des vorderen Beins, die andere drückt auf den Hinterkopf. Während Sie einatmen, massieren Sie mit dem Handballen oder mit dem Daumen kräftig die Schädelbasis.

40 Hämorrhoiden

Sie setzen sich auf die Ferse eines Beins und legen das andere so über das erstere, daß sich die Oberschenkel kreuzen. Die Ferse des oberen Beins kommt am Schienbein des anderen zu liegen. Der Arm auf der Seite des oberen Beins wird gestreckt. Während Sie einatmen, drücken Sie den Ellbogen des gestreckten Arms – und kneifen den After zusammen.

41 Schulterbeschwerden

Sie stehen auf einem Bein. Das andere biegen Sie ab, die Fußsohle auf die Innenseite des Oberschenkels des Standbeins setzend. Während Sie einatmen, drücken Sie die wehe Schulter mit der Hand der selben Seite herunter. Mit der anderen Hand ziehen Sie den Ellbogen an den Körper heran.

42 Hand- und Fußbeschwerden

Setzen Sie sich auf einen Stuhl. Sie beugen einen Arm nach oben und bearbeiten den Ellbogen innenseitig, indem Sie mit dem Daumen das Grübchen zwischen den Knochen massieren.

43 Kreuzschmerzen

Sie setzen sich mit gekreuzten Beinen auf den Boden. Sie drücken eine Hand auf die Taille der anderen Seite. Während Sie einatmen, strecken Sie den freien Arm mit aufgestellter Hand aus. Beim Ausatmen heben Sie die Schulter des am Körper anliegenden Arms.

44 Schulter- und Hüftbeschwerden

Im Stehen beugen Sie den Körper vor, bis die Hände den Boden berühren. Einen Fuß setzen Sie vor. Während Sie einatmen, verlagern Sie das Gewicht auf die beiden Hände. Beim Ausatmen strecken Sie die Knie durch und verlagern das Gewicht auf die Beine.

45 Brustkorbbeschwerden

Vollkommener Sitz, Hände auf den Knien. Den Bauch anspannend beugen Sie den Oberkörper schräg nach vorn. Dann massieren Sie mit den Händen die Unterschenkel.

46 Becken- und Hodenprobleme

Wenn Sie Akrobat sind, fassen Sie einen Fuß mit den Händen und bringen ihn hinter den Kopf. Dabei atmen Sie tief ein. Beim Ausatmen versuchen Sie sich zu strecken.

47 Abwehrschwäche

Sie sitzen auf dem Boden, ein Bein zur Seite gestreckt, das andere abgebogen mit der Ferse am Damm. Eine Hand liegt mit den Fingern einwärts auf dem Knie des gebogenen Beins, die andere umfaßt die Fußspitzen des gestreckten Beins. Während Sie einatmen, drücken Sie das Knie des gebogenen Beins und beugen Sie den Oberkörper vor.

48 Allgemeine Schwäche

Fersensitz. Die Hände (mit den Fingern nach hinten neben den Beinen plaziert) berühren den Boden. Während Sie tief einatmen, strecken Sie die Arme durch und beugen Sie den Oberkörper vor.

49 Fußbeschwerden

Sie sitzen auf dem Boden, ein Bein abgewinkelt mit der Ferse am Damm, das andere Bein abgewinkelt, aber schräg aufgestellt. Sie massieren Schienbein und Fuß des aufgestellten Beins.

50 Handgelenkprobleme

Fersensitz. Hände vor der Brust gefaltet. Wir drücken abwechselnd eine Hand gegen die andere. Während wir die eine oder andere Hand zur Seite drücken, atmen wir ein. Beim Wechsel beugen wir den Oberkörper vor und atmen aus.

51 Penis- und Hodenprobleme

Sie sitzen mit gekreuzten Beinen auf dem Boden und halten das Kinn zwischen den Händen. Während Sie einatmen, drücken Sie das Kinn hoch und knirschen mit den Zähnen. Den Atem kurz anhaltend, spannen Sie Po und Unterleib an.

52 Halsbeschwerden

Schneidersitz, Hände auf dem Schoß. Sie massieren die Oberschenkel bis zum Knie und zurück.

53 Beinbeschwerden

Fersensitz, zur Seite gedreht. Eine Hand hält Kinn/Unterkiefer, die andere ruht auf der Brust. Tief einatmend drücken Sie mit dem Daumen auf die Brust und heben zugleich das Kinn mit der anderen Hand.

54 Beinschwäche Eingeschlafene Beine

Sie sitzen auf dem Boden: ein Bein ist angewinkelt, die Ferse liegt am Damm; das andere Bein ist ausgestreckt. Während Sie einatmen, strecken Sie den Arm auf der Seite des gestreckten Beins, die Hand aufbiegend, und drücken Sie mit der anderen Hand die Brust.

55 Kreuzschmerzen Hexenschuß

Sie sitzen auf dem Boden, ein Bein gestreckt, das andere abgebogen und über das gestreckte gestellt. Während Sie einatmen, ziehen Sie einerseits das Schienbein heran und strecken Sie anderseits den freien Arm mit aufgebogener Hand seitwärts. Der Blick folgt den Fingerspitzen.

56 Armbeschwerden

Fersensitz. Der wehe Arm berührt den Boden. Massieren und reiben Sie ihn mit der anderen Hand.

57 Muskelkrampf

Vollkommener Sitz. Die Hände umgreifen das vordere Bein. Einatmend beugen Sie sich nach hinten und zur Seite – Atem einen Moment anhalten –, ausatmend kehren Sie in die gerade Haltung zurück und entspannen sich.

58 Schwindel

Wenn Sie die Gelenkigkeit eines Meister-Yogis oder eines Kungfu-Meisters haben, können Sie mit gespreizten abgewinkelten Beinen auf den Zehen hocken, wobei die den Boden berührenden Knie den Sitz festigen. Während Sie tief einatmen, drehen und beugen Sie sich zur Seite und heben die Hände zum Kopf.

59 Bauchschmerzen

Sie sitzen auf dem Boden: ein Bein angewinkelt mit der Ferse am Damm, das andere Bein legen Sie einfach auf die Schulter! So leicht ist das. Während Sie einatmen, drückt eine Hand den Fußknöchel, die andere Hand die Hinterbacke.

60 Hodenprobleme

Sie sitzen auf dem Boden mit aufgestellten Beinen, die Füße gekreuzt. Die Ellbogen stützen Sie auf die Beine. So massieren Sie den Hals mit beiden Händen.

61 Schulterbeschwerden Nackenschmerzen

Sie stehen in Schritthaltung, die einander umgreifenden Hände auf der Seite des vorderen Beins. Während Sie einatmen, beugen und drehen Sie Ihren Oberkörper ebenfalls zur selben Seite und drücken mit den Händen die Hüfte. Ausatmend ziehen Sie am hinteren Arm.

62 Nacken- und Schultersteifheit

Sie stehen breitbeinig und spreizen Knie und Ellbogen nach außen. Schultern heben und massieren.

63 Muskelbeschwerden

Schritthaltung. Mit den Händen machen Sie eine Bewegung, als wollten Sie einen Bogen spannen, um einen Pfeil abzuschießen.

64 Schulter- und Beinbeschwerden

Schritthaltung. Beine geknickt. Eine Hand liegt auf der Taille, die andere auf dem Knie. Während Sie tief einatmen, drücken Sie auf die Hüfte. Ausatmend strecken Sie das hintere Bein.

65 Schulter- und Hüftbeschwerden

Sie sitzen mit aufgestellten Beinen und überkreuzten Füßen. Während Sie einatmen, drücken Sie Ihre Hände auf die Brust. Ausatmen und entspannen. Phase 2: Während Sie einatmen, drücken Sie Ihre Ellbogen außen an die Knie, bis die Knie zusammenstoßen.

66 Brustkorbbeschwerden

Spreizbeinig mit auswärts gedrehten Fußspitzen gehen Sie in die tiefe Hocke, sich vorn auf die Arme stützend. Dabei atmen Sie aus.

67 Brustkorbbeschwerden

Sie setzen sich mit gespreizten Beinen auf den Boden, ein Bein gestreckt, das andere abgebogen und angezogen. Während Sie einatmen, werfen Sie Ihre Arme hoch, abwechselnd nach rechts und nach links.

68 Zungenprobleme Kieferbeschwerden

Sie knien (die Knie nicht neben-, sondern hintereinander). Ihre Arme kreuzen Sie vor der Brust, wodurch sich die Schultern krümmen. Während Sie einatmen (der Atemfluß kann nicht frei strömen), spannen Sie die Muskeln des Halses und des Gesichts an.

69 Schwäche

Sie sitzen auf dem Boden, die Beine sind angewinkelt und liegen übereinander. Während Sie tief einatmen, drücken Sie Ihre Brust heraus und bearbeiten das obenliegende Bein: Mit der einen Hand ziehen Sie den Fuß an den Körper heran, mit der anderen drücken Sie das Knie.

70 Schwindel

Sie hocken mit gespreizten angewinkelten Beinen auf den Zehen. Während Sie tief einatmen, heben Sie die Brust und strecken die geschlossenen Arme aus, die Hände einwärts drehend.

71 Beinbeschwerden

Im breitbeinigen Hocksitz stützen Sie die Ellbogen an den Knien ab. Einatmend drücken Sie die Knie mit den Ellbogen auseinander.

72 Hüftbeschwerden Kreuzschmerzen

Sie sitzen mit angezogenen geschlossenen Beinen auf dem Boden. Die Hände falten Sie vor dem Kinn, die Ellbogen schließen die Knie ein. Während Sie einatmen, pressen Sie die Knie mit den Ellbogen zusammen und schieben das Kinn mit den Händen zurück.

73 Penis-Probleme

Sie nehmen den Vollkommenen Sitz ein, falten die Hände vor der Brust und atmen langsam.

74 Schwäche

Sie sitzen auf dem Boden, die Fersen liegen aneinander am Geschlechtsteil, die Zehen sind nach unten gedreht. Einatmend drücken Sie die Seiten. Die schwierige Übung ist ein erstklassiges „Tonikum“.

75 Chronische Muskelbeschwerden

Dieselbe Sitzhaltung wie Nr. 74. Die Hände ruhen aber auf den Knien.

76 Fußbeschwerden

Dieselbe Sitzhaltung wie Nr. 74 bzw. 75. Während Sie einatmen, zieht die eine Hand am Knöchel, die andere Hand stößt seitwärts.

77 Fußsohlenbeschwerden

Sie stehen auf einem Bein und ziehen das andere am Knöchel hoch. Dabei atmen Sie ein. Während die eine Hand zieht, drückt die andere Knie und Oberschenkel des erhobenen Beins.

78 Kniebeschwerden

Sie sitzen mit gestreckten Beinen auf dem Boden und massieren mit den Händen Ihre Knie. Der Oberkörper bleibt dabei gerade.

79 Bauchschmerzen Fußgelenkbeschwerden

Fersensitz. Einatmend heben Sie die gestreckten Arme über den Kopf, ausatmend senken Sie sie nach hinten.

80 Allgemeine Schwäche
Eingeschlafene Gliedmaßen

Fersensitz. Mit der einen Hand ziehen und massieren Sie den Fußknöchel, mit der anderen die Schulter.

2. Partnermassage

Unser Grundkurs der Partnermassage (Standardprogramm mit 80 Positionen) ist die Basis von Nuad: Er entfaltet wohlweislich nicht die verwirrende Vielfalt von Variationen der ausgereiften thailändischen Massage-Kunst, die ein persönliches Studium bei einem Meister erfordert. Die Ausführung des vollen Nuad-Rituals beansprucht an die 5 Stunden.

Regeln

> Der klassische Nuad-Praktiker ist beseelt von Altruismus (metta = liebevolle Güte) und Achtsamkeit. Er berücksichtigt beispielsweise den Atemfluß des Klienten.
> Leitschnur ist nicht die Erfüllung des Schemas F, sondern die Erfühlung der Bedürfnisse des Klienten. Intuition und Kreativität sind also gefragt, nicht maschineller Ablauf. Der Masseur mit offenem Geist erspürt Widerstände, Unbehagen und Grenzen seines Gegenüber und stellt sich flexibel auf seine Reaktionen ein. Die tiefe Gelassenheit des Thai-Masseurs weckt Vertrauen, so daß selbst berührungsscheue Nuad-Empfänger mit chronischer Abwehrhaltung plötzlich loslassen können.
> Schmuck, Ringe, Armbänder, Uhr und Gürtel werden vor der Massage abgelegt.
> Der Ort der Massage soll still, hell, trocken und durchlüftet sein. Das Gebot, nicht auf öffentlichen Plätzen zu massieren, wird bei der Strandmassage grob mißachtet.
> Gesprochen wird bei der Massage kaum, diskutiert überhaupt nicht.
> Nicht massiert wird bei hohem Fieber, Entzündungen, Knochenbruch, Thrombose, Hautkrankheit, Geschwüren und Trunkenheit des Klienten. Ebensowenig gleich nach Operationen oder Impfungen.

> Nuad dauert komplett 2 bis 3 Stunden, 1 Stunde erlaubt nur eine hastige oder bruchstückhafte Thaimassage. Nuad als Quickie zwischendurch oder nebenbei läßt die meditative Qualität nicht hochkommen. Eiserne Regel: Ein Thai-Masseur arbeitet flüssig, aber langsam, nie überstürzt oder gedrängt. Er wirkt beruhigend.

Techniken

> Nuad ist kein bloßes „Hand“werk: Instrumente der Pressur à la Thai sind Daumenballen (Hauptwerkzeug), Handballen, Handteller, Finger, Unterarme, Ellbogen, Knie, Füße und Zehen.
> Der Masseur braucht nicht bärenstark zu sein, denn er arbeitet nicht mit Muskelkraft: Die Arbeit besorgt sein Körpergewicht.

> Weder ein Bett noch eine Federkernmatratze taugt daher für die Thai-Massage, weil weiche Unterlagen den Druck des Masseurs absorbieren. Ebenso unbrauchbar sind Massagetische. Der Klient liegt auf dem Boden – als Unterlage dient eine harte Matte. Das ermöglicht den maximalen Einsatz des Körpergewichts des Masseurs, der in der Regel mit geradem Rücken und gestreckten Armen arbeitet, so daß er nie außer Atem kommt.

> Der Klient der Traditionellen Thaimassage ist bekleidet: Die Kleidung muß aber locker, luftig und leicht sein.

Ood als Klientin im weitgeschnittenen Thaimassage-Dreß

> Der Masseur reibt, bevor er startet, seine Hände aneinander, um sie aufzuwärmen.

> Drücken Sie, wenn Sie massieren, nie direkt auf Knochen, Gelenke (Knie, Knöchel, Ellbogen, Schulter) oder Wirbelsäule. Beschreiben Sie statt dessen Kreise mit den Spitzen der gestreckten, geschlossenen Finger (= Fingerzirkel).

> Der Könner atmet beim Drücken aus und beim Nachgeben ein.

> Die gleitenden, geschmeidigen Bewegungen des Praktikers und des Klienten werden rhythmisch ausgeführt und sind aufeinander abgestimmt: Sie verschmelzen ineinander zur Einheit. Das läßt Zuschauer an ein Ballett denken. Jemand hat Nuad einmal als „Yogatanz“ bezeichnet.

> Wenn eine Körperseite abgeschlossen ist, kommt die andere dran. Wer sich an die Yin-Yang-Prinzipien hält, beginnt bei Frauen mit der linken und bei Männern mit der rechten Seite.

> Eine vielgerühmte spezielle Technik der Thai-Massage ist das Stoppen des Blutflusses an der Leiste und an der Achsel. Anfänger sollten die Technik der Okklusion aber erst nach persönlicher Instruktion durch einen guten Lehrer anwenden. Der erfahrene Thaimasseur blockiert mit Handballendruck unter Einsatz seines Körpergewichts den Blutstrom in Beinen und Armen für 15 bis 60 Sekunden (freilich nicht bei Herzkranken oder Patienten mit Kreislaufstörungen, hohem Blutdruck oder Krampfadern).

Die Übung wird als wohltuend empfunden, als ob „warmes flüssiges Gold in die Extremitäten flösse" (der amerikanische Therapeut Skip Kanester). Geradezu Wunder wirkend soll sie den Körper erneuern. Jedenfalls bringt sie den Kreislauf in Schwung.

> Eine Nuad-Behandlung ist in 4 Sequenzen (Folgen) gegliedert: 1. *Rückenlage* (rd. 70 Minuten), 2. *Seitenlage* (rd. 40 Minuten), 3. *Bauchlage* (rd. 30 Minuten) und 4. *Sitzhaltung* (rd. 30 Minuten) des Klienten.

> Bearbeitet werden nacheinander: in der *Rückenlage* Füße, Knöchel, Beine, Hüfte, Bauch, Brustkorb, Schultern, Arme, Hände, Kopf und Gesicht; in der *Seitenlage (links und rechts)* Beine, Hüfte, Becken, Wirbelsäule, Schultern, Arme und Hände; in der *Bauchlage* Füße, Knöchel, Beine, Hüfte, Gesäß, Wirbelsäule, Rücken, Schultern; in der *Sitzhaltung* Schultern, Wirbelsäule, Rücken, Schulterblätter, Arme, Nacken, Kopf und Gesicht.

Lockerung, Energielinienbearbeitung, Stretching (Streckübungen) und sanfte Drehung der Wirbelsäule ergänzen einander.

> Folgende Bahnen und Knotenpunkte der Energie werden in der Thai-Massage mit besonderem Nachdruck behandelt:

1. Füße
a) Fußsohle

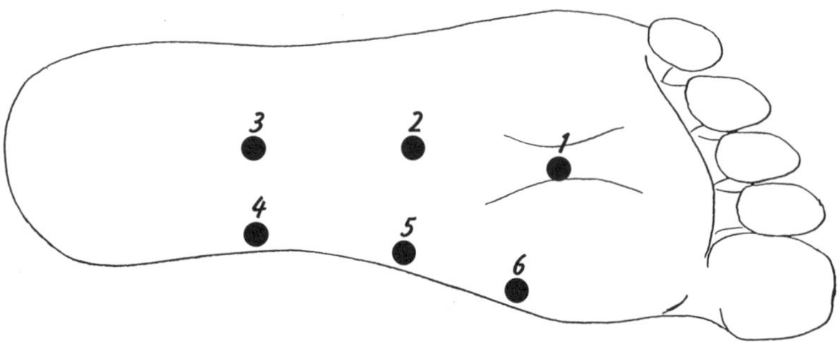

Die 6 Hauptpunkte der Fußsohle

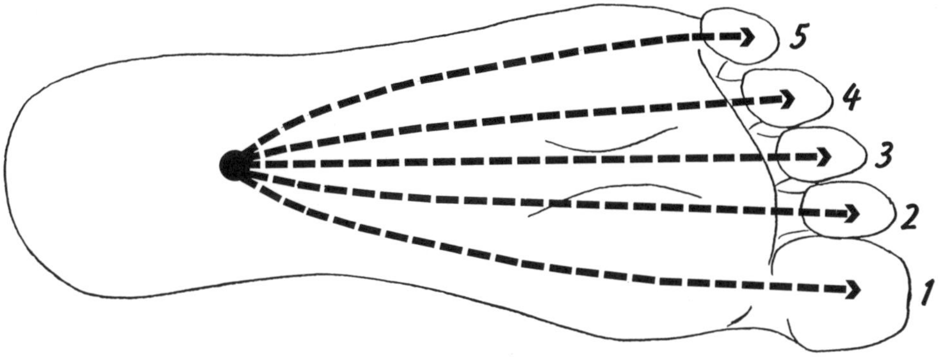

Die 5 Hauptlinien der Fußsohle

b) Fußrücken

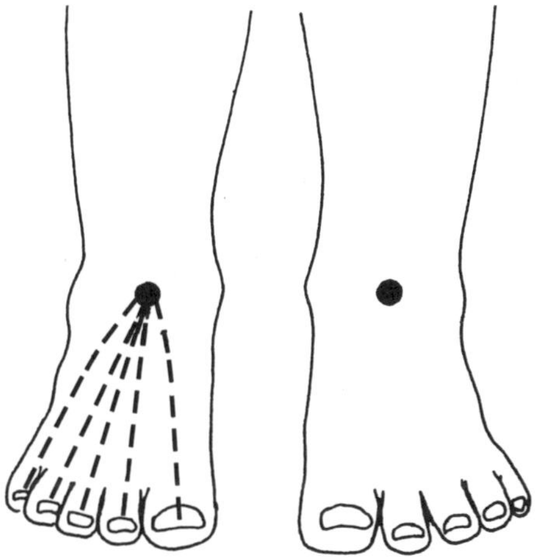

Die 5 Hauptlinien des Fußrückens

c) Fußbogen

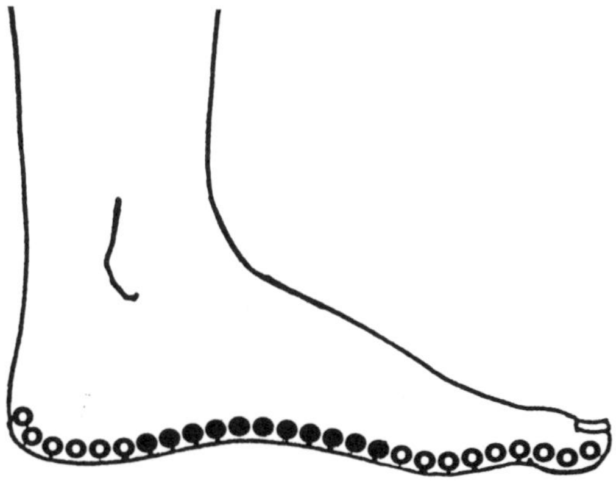

Der Bogen der Fußinnenkante

2. Beine
a) Beininnenseite
b) Beinaußenseite

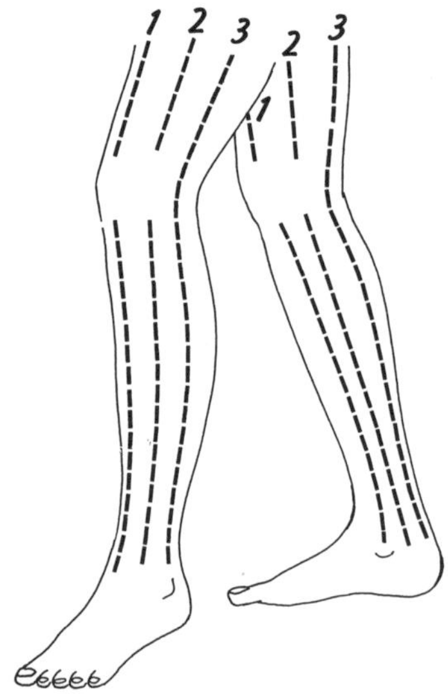

Die 3 außenseitigen und die 3 innenseitigen Linien der Beine

3. Bauch

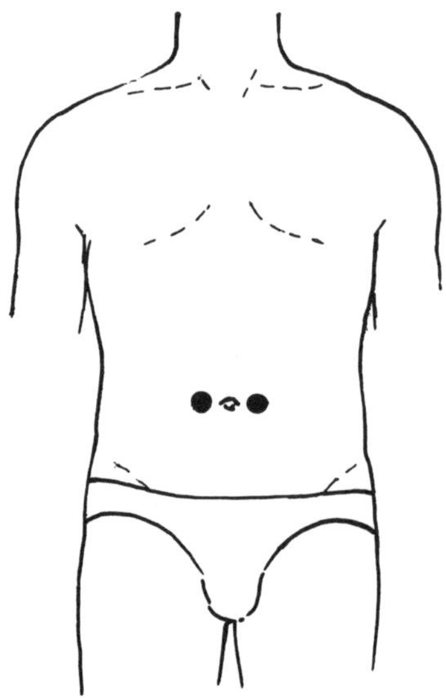

Die beiden Punkte neben dem Nabel (jeweils 1/2 Daumenlänge des Klienten vom Nabel entfernt)

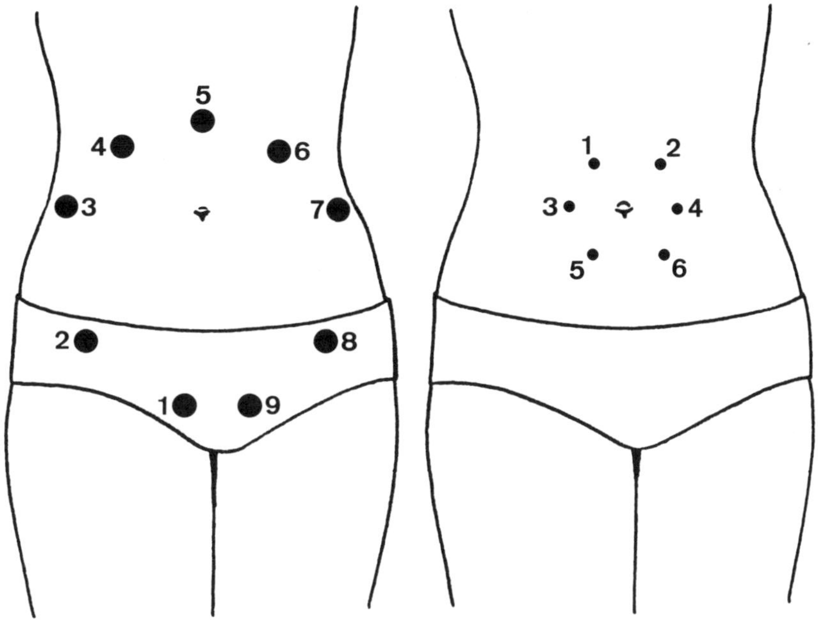

+ *Der große Kreis der 9 Punkte (oben vom Rippenbogen und unten vom Schambein begrenzt)*
+ *Der kleine Kreis der 6 Punkte (jeweils l Daumenlänge vom Nabel entfernt)*

4. Arme

a) Armaußenseite

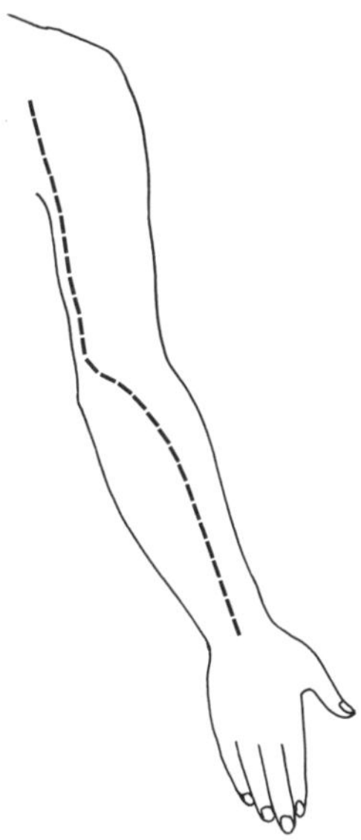

Hauptlinie der Armaußenseite

b) Arminnenseite

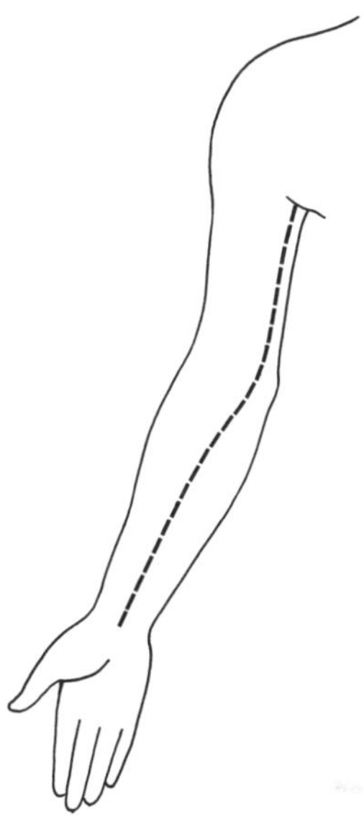

Hauptlinie der Arminnenseite

5. Hände
a) Handfläche

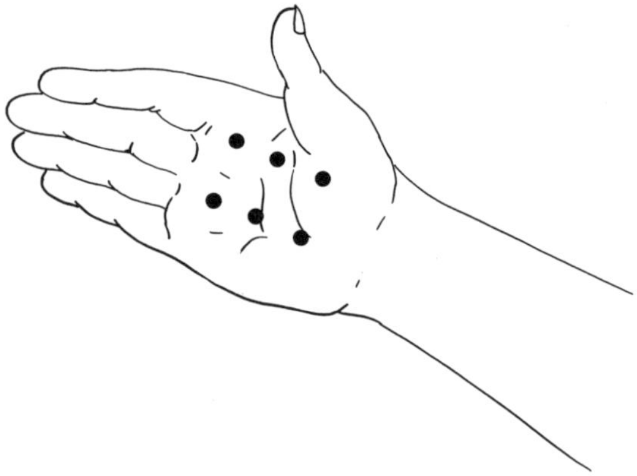

Die 6 Punkte der Handfläche

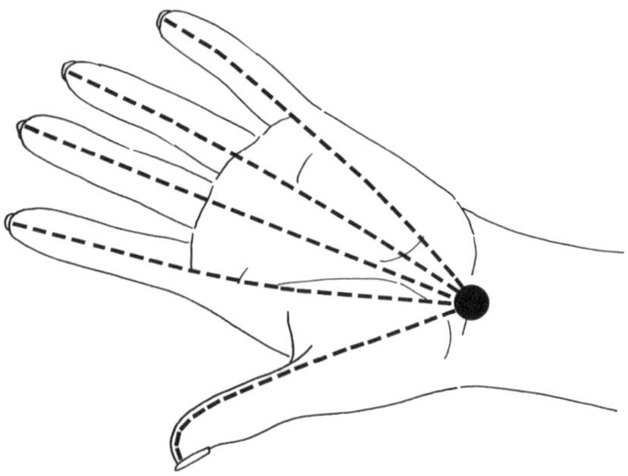

Die 5 Linien der Handfläche

b) Handrücken

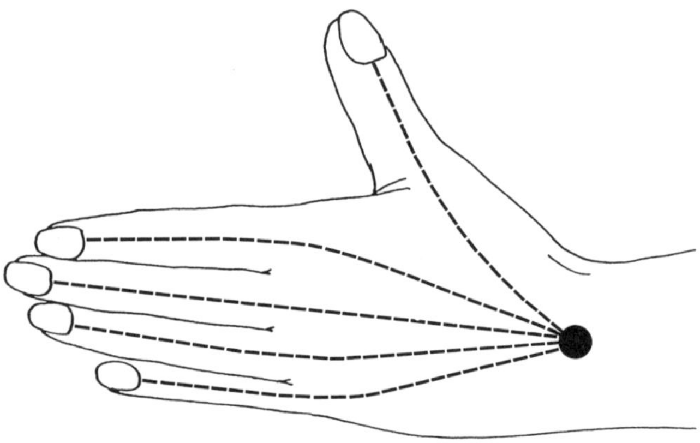

Die 5 Linien des Handrückens

6. Wirbelsäule

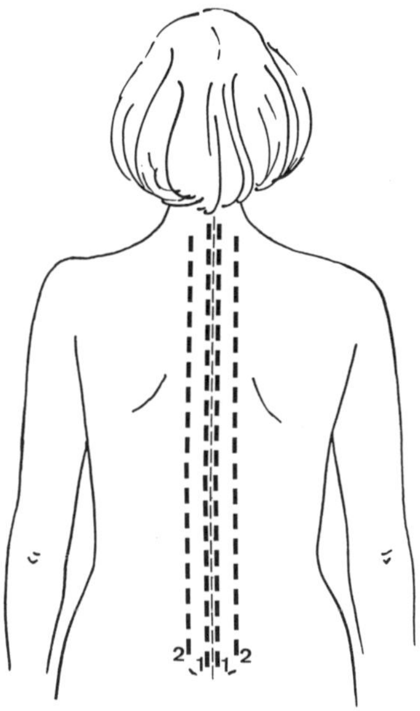

Je 2 Hauptlinien r. und l. der Wirbelsäule (die äußere ist 1 Daumenlänge vom Rückgrat entfernt)

7. Nacken

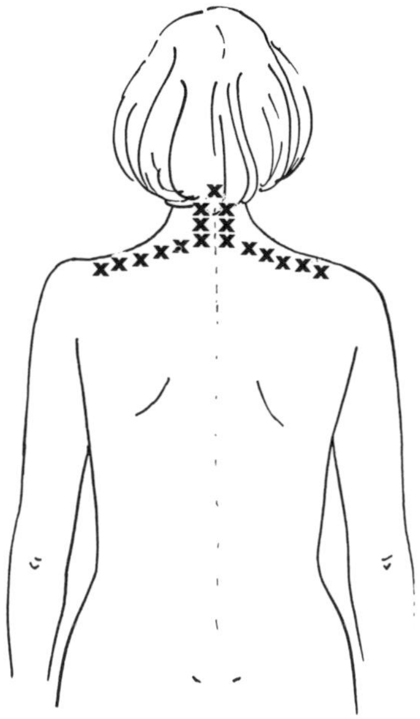

Die Nackenzone

8. Kopf

Die zentralen Punkte des Hauptes

9. Gesicht

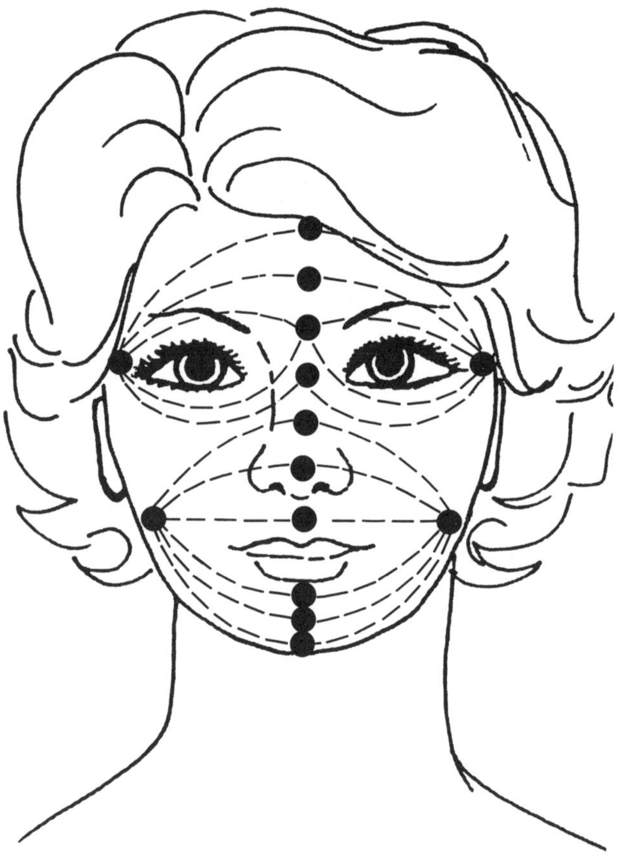

Gesichtslinien

Das sind die Punkte, Linien und Zonen, die sich als roter Faden durch jedes Nuad-Programm ziehen – auch durch unseren nachfolgenden Grundkurs.

Berücksichtigen Sie also die obigen Abbildungen, wenn Sie den Grundkurs absolvieren: bei der Bearbeitung

- > der *Füße* Abb. 1a+b+c,
- > der *Beine* Abb. 2,
- > des *Bauchs* Abb. 3,
- > der *Arme* Abb. 4a+b,
- > der *Hände* Abb. 5a+b,
- > des *Rückens* Abb. 6,
- > des *Nackens* Abb. 7,
- > des *Kopfs* Abb. 8 und
- > des *Gesichts* Abb.9

GRUNDKURS

Einstimmung

In der Thaitradition wird Nuad mit einer Andacht eröffnet: mit einem Dank für das Geschenk der Massagekunst und einer Bitte für das Wohl des Klienten. Selbst wenn unsere Masseurin Jeep (rechts im Bild) ihre Freundin Ood im lauschigen Rahmen des Hausgartens massiert, unterläßt sie die Begrüßung und die Sammlung nicht.

+ Vor dem Start einer Massage empfiehlt sich jedenfalls eine kurze Konzentration, Meditation oder Besinnung, um das innere Gleichgewicht zu finden. „Um das Herz aufzuwärmen", wie sich Meister Chongkol Setthakorn ausdrückt.

1. Rückenlage

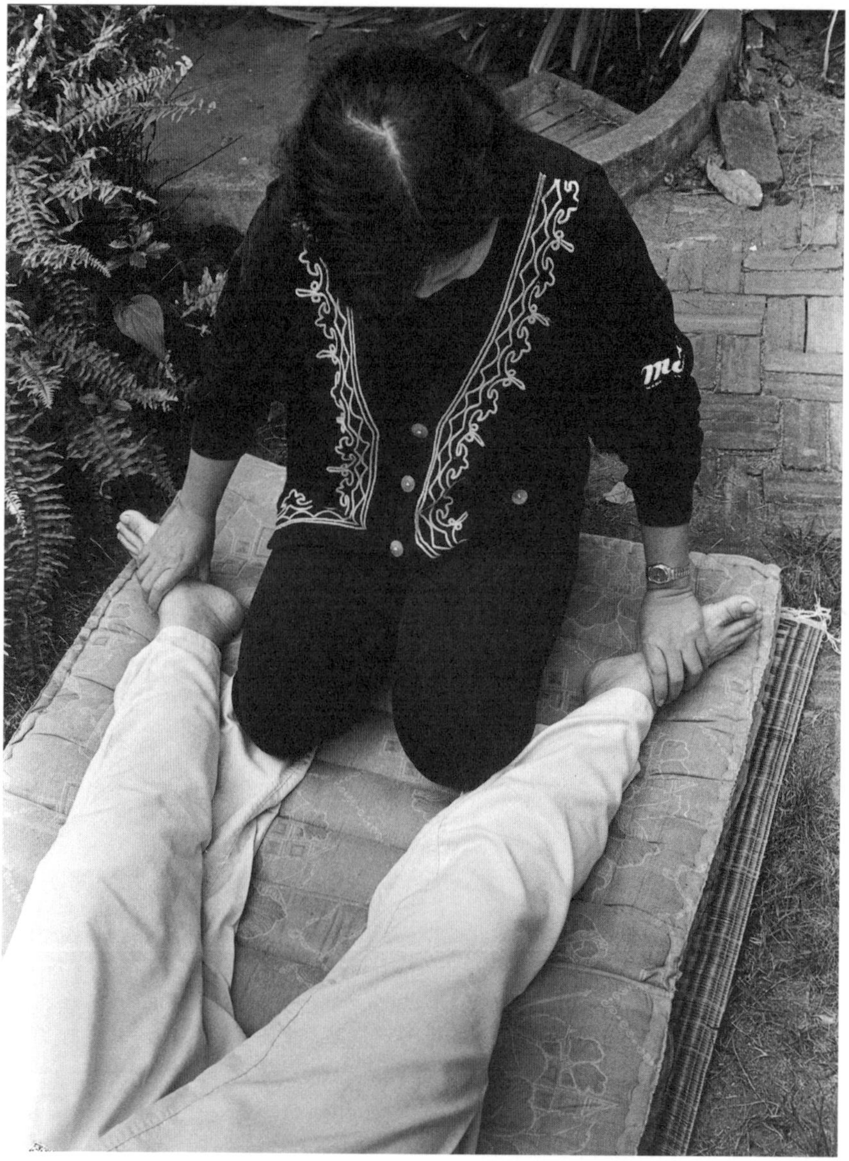

1
Zwischen den Unterschenkeln des auf dem Rücken liegenden Partners kniend, drehen Sie dessen Füße zur Seite bzw. nach außen:
+ Massieren Sie mit den Handballen die Fußsohlen auf und ab.
+ Machen Sie mit den Daumen kreisende Bewegungen um die inneren Fußknöchel, abwechselnd im und gegen den Uhrzeigersinn.
+ Drücken Sie mit den Daumen die Bögen der Fußinnenkanten, vorwärts und rückwärts.

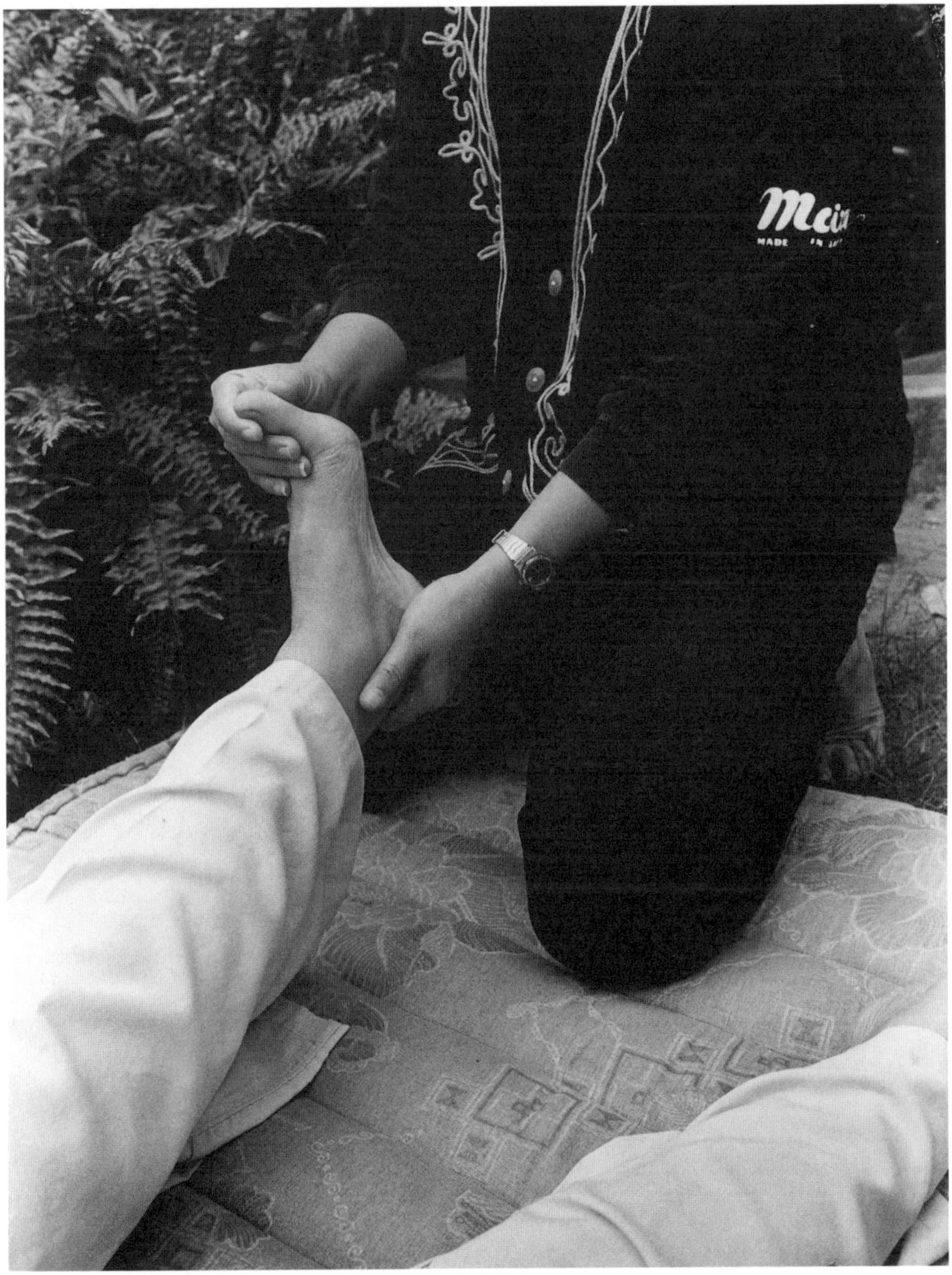

2
Mit einer Hand halten Sie die Ferse (Daumen hinter dem Knöchel), mit der anderen umgreifen Sie die Zehen.
+ Biegen Sie den Fuß des Partners zurück.

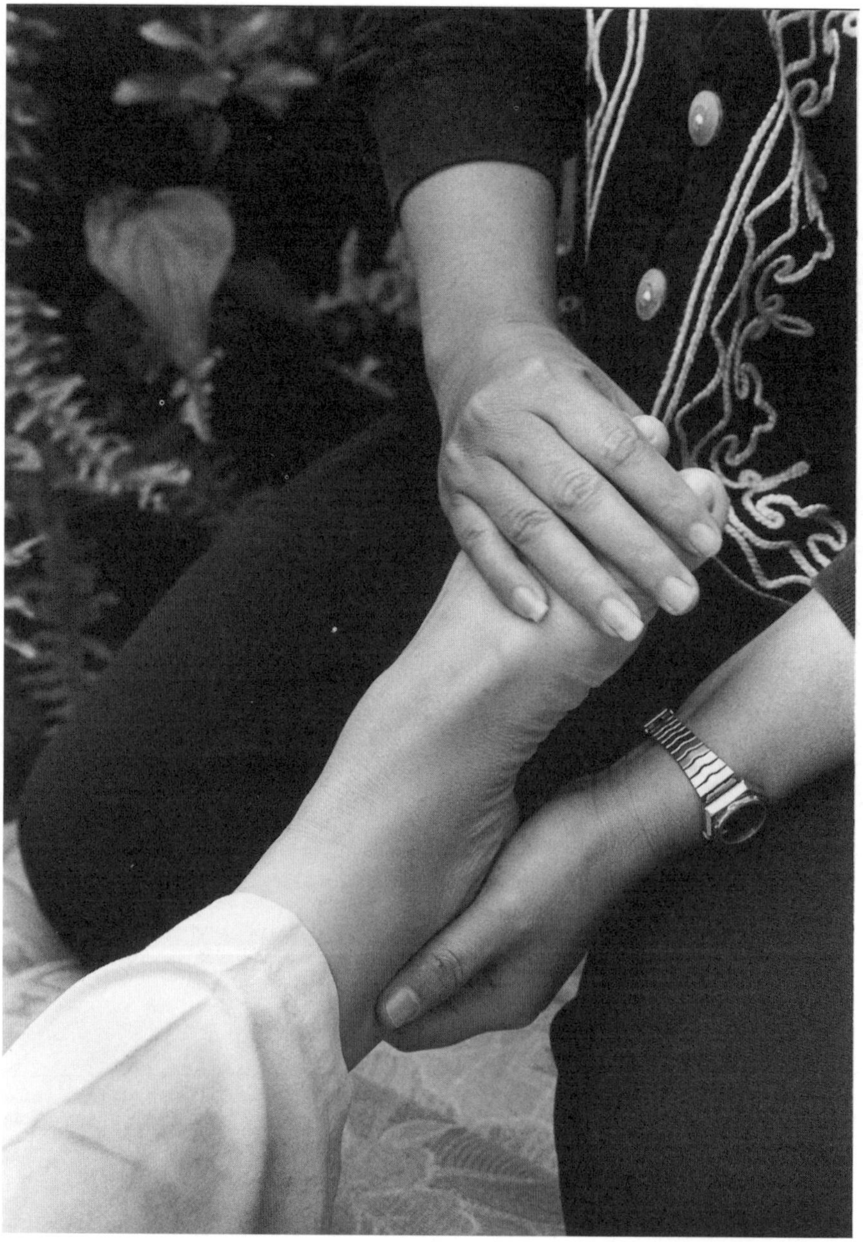

3

Sie heben den Fuß des Partners, die Ferse ruht in Ihrer Handfläche. Ihre andere Hand umfaßt die Fußspitze.

+ Machen Sie mit Ihrer oberen Hand kreisende Bewegungen – 5mal nach links, 5mal nach rechts –, so daß das Fußgelenk des Partners rotiert.

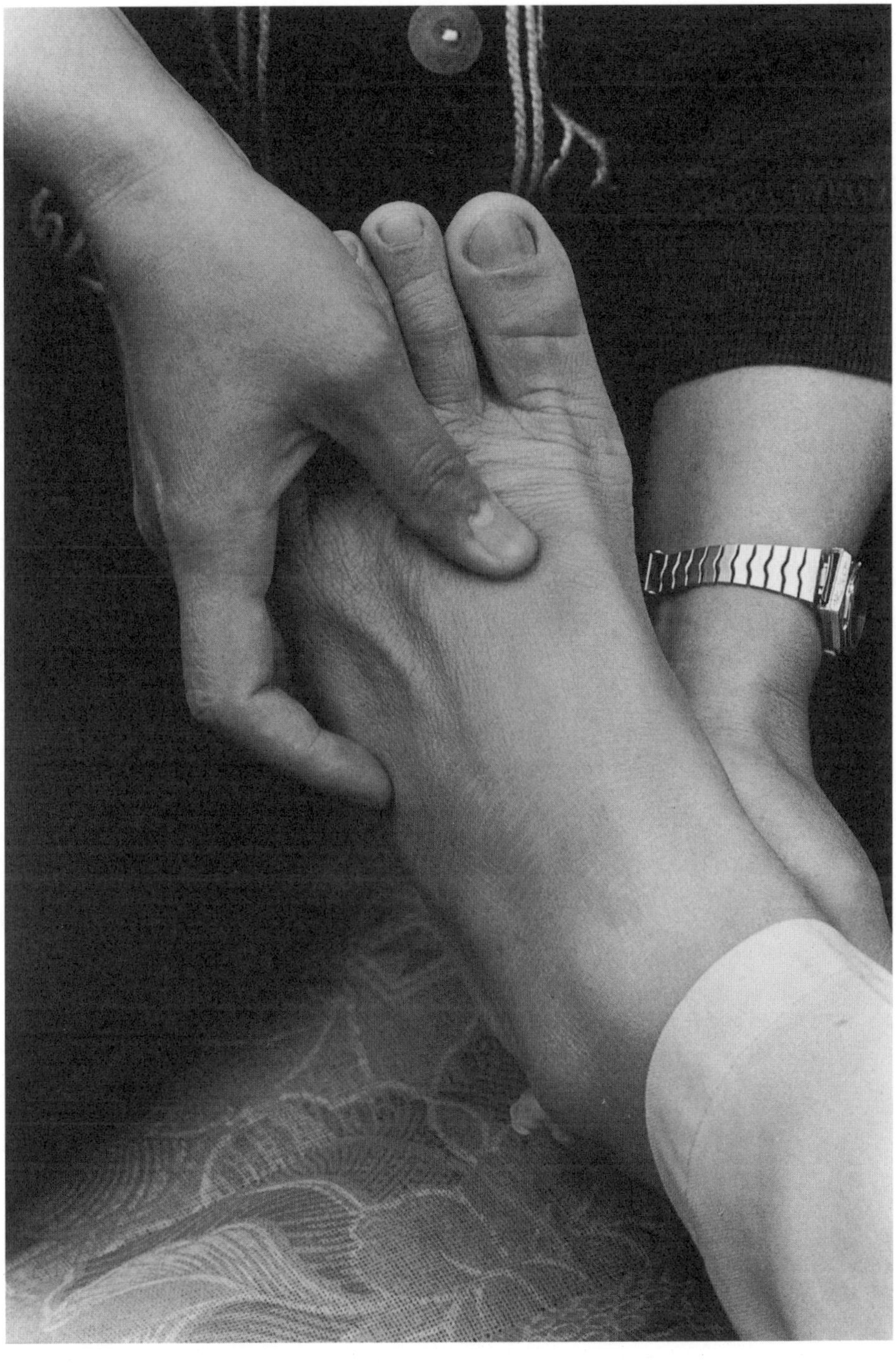

4
+ Bearbeiten Sie mit Daumendruck den Fußrücken zwischen den Sehnen – zehenwärts.

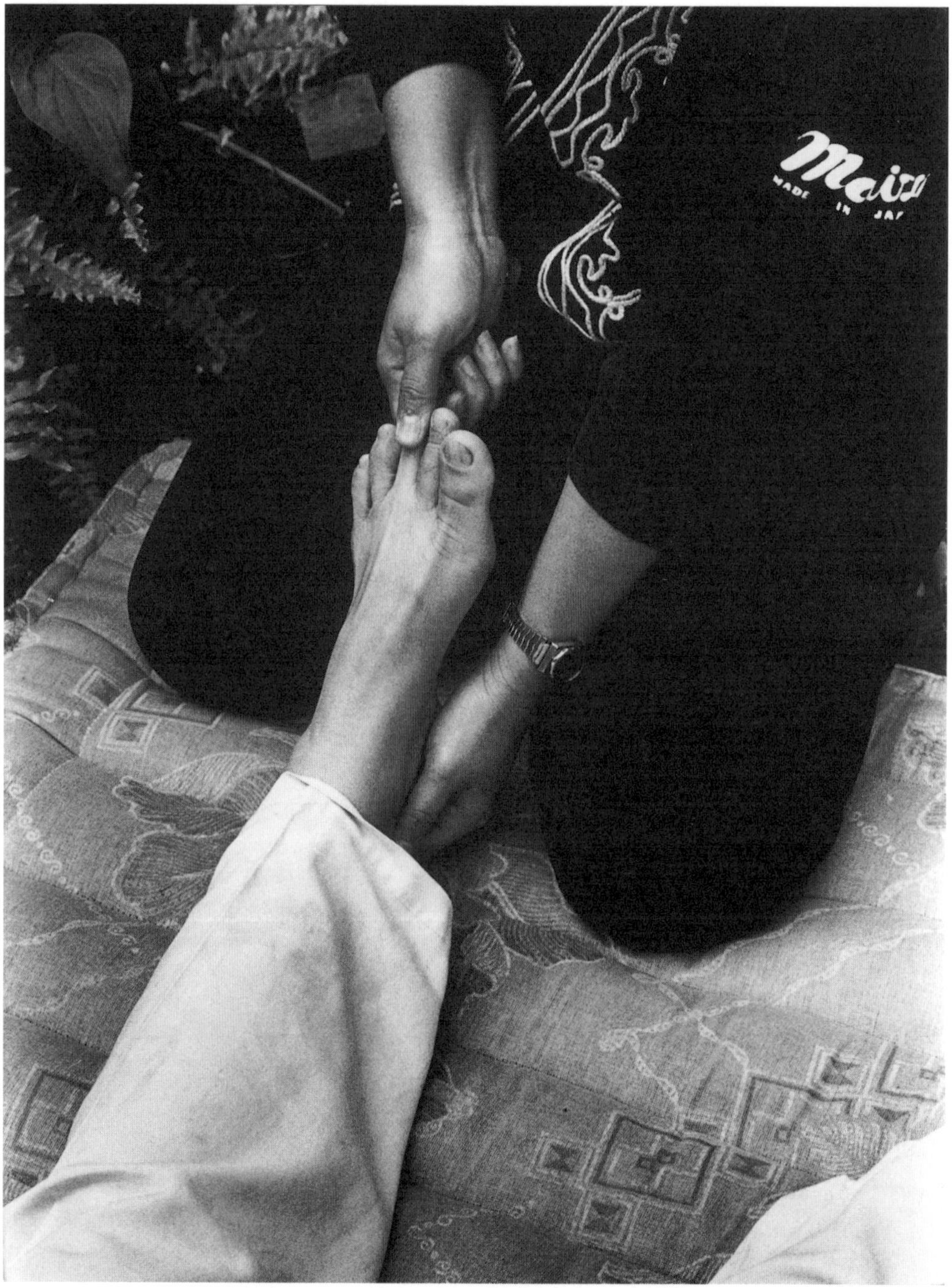

5 a

Sie nehmen eine Zehe nach der anderen zwischen Daumen und Zeigefinger und kreisen sie mehrmals in jede Richtung, damit sich die Zehengelenke lockern ...

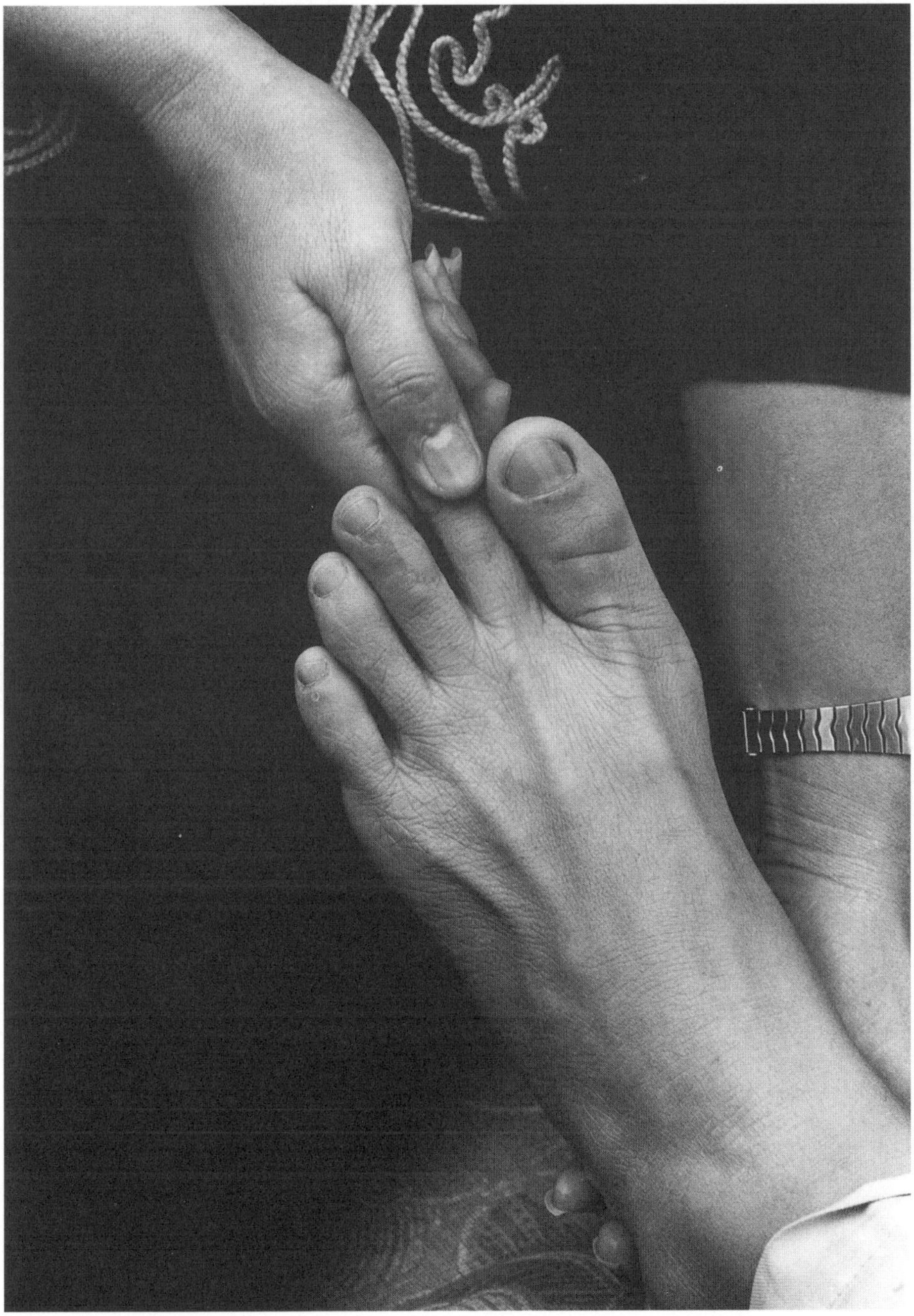

5 b

... + Ziehen Sie jede Zehe mit sanftem, aber sicherem Ruck, so daß sie knackt (oder auch nicht). Keinesfalls heftig zerren!

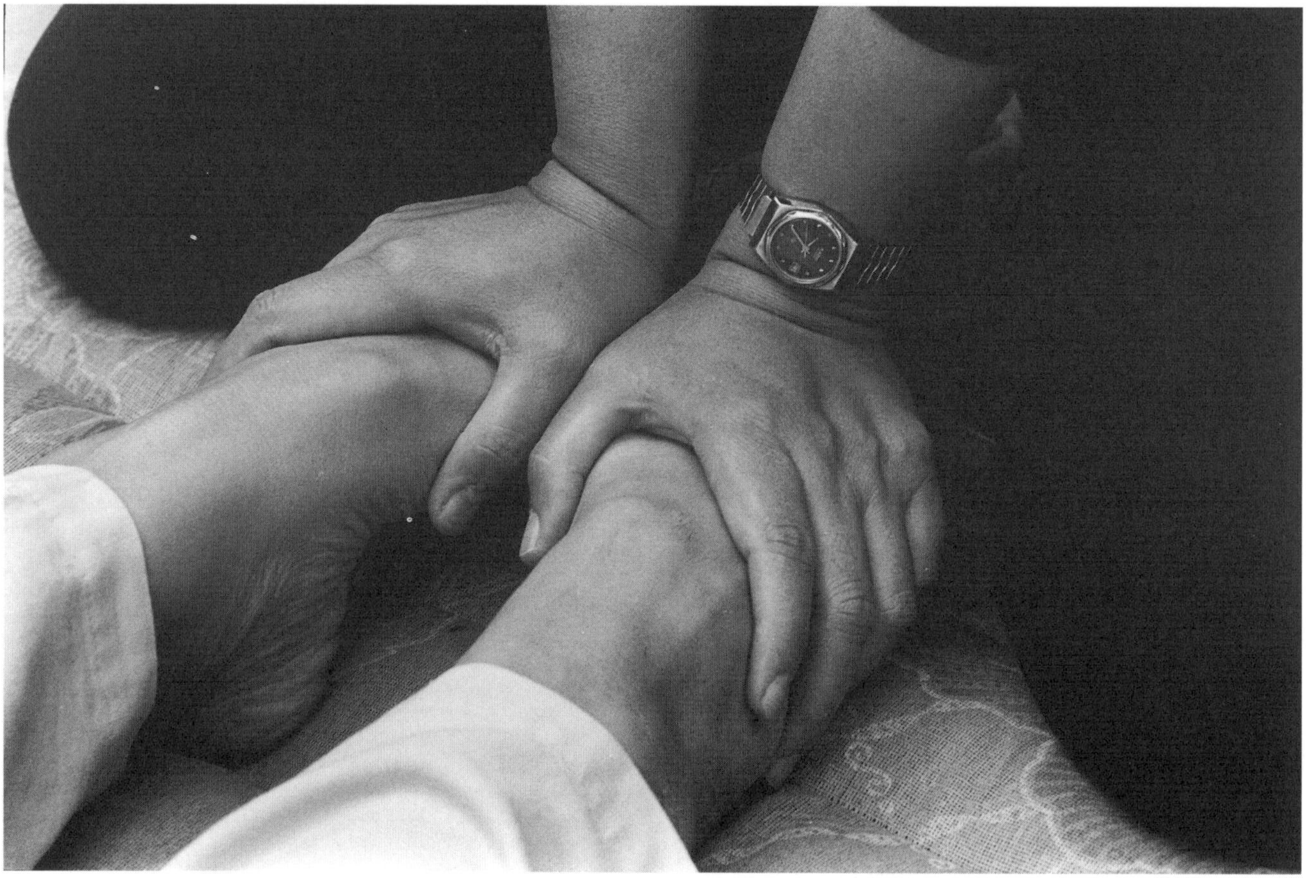

6
+ Drücken Sie die Fußspitzen des Partners nach unten, 3mal.

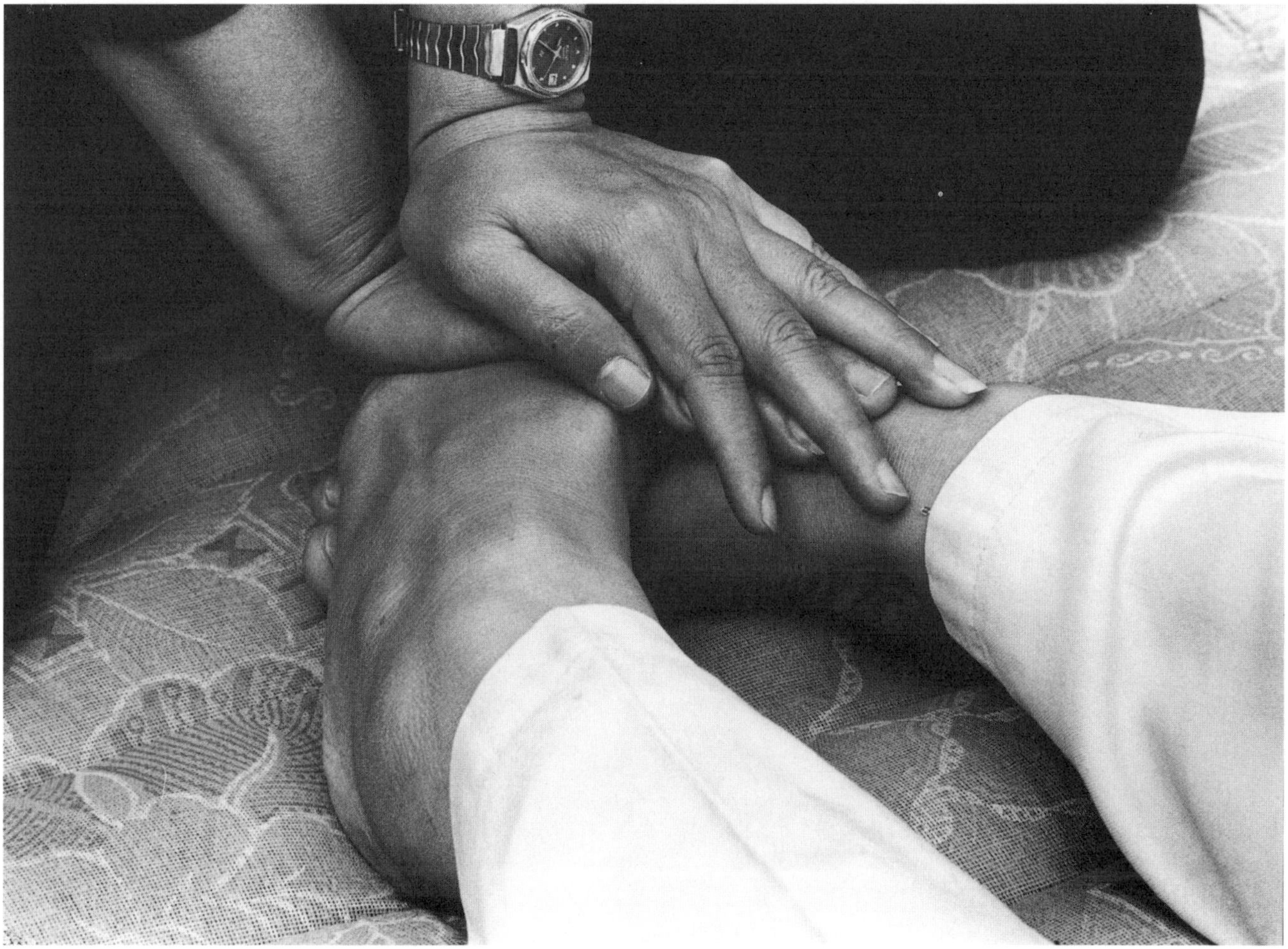

7

+ Überkreuzen Sie die Fußspitzen des Partners und drücken Sie sie nach unten.

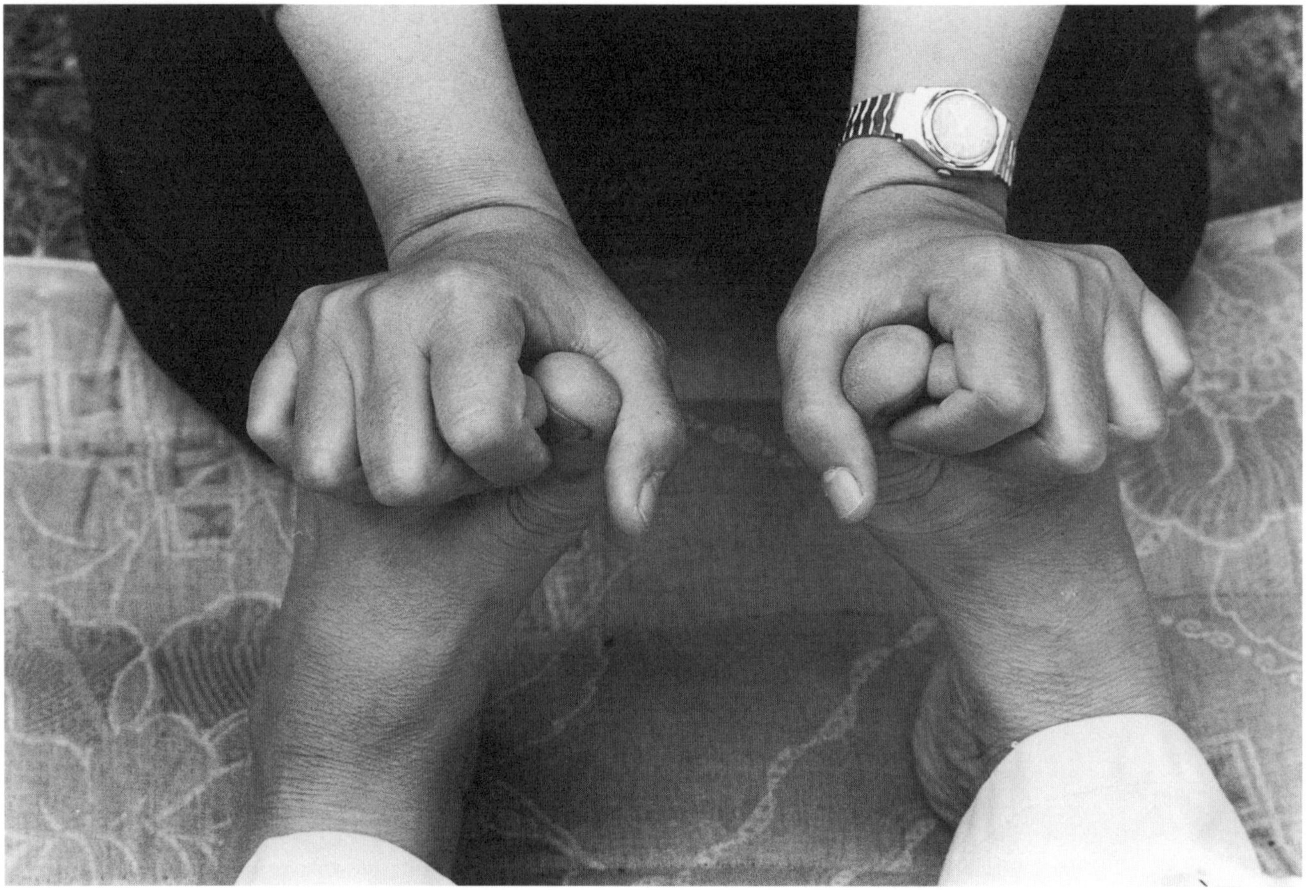

8
Sie umfassen die Zehen beider Füße, wobei Ihre Fingerspitzen an die Zehengelenke drücken.
+ Biegen Sie die Fußspitzen des Partners nach vorne und nach hinten.

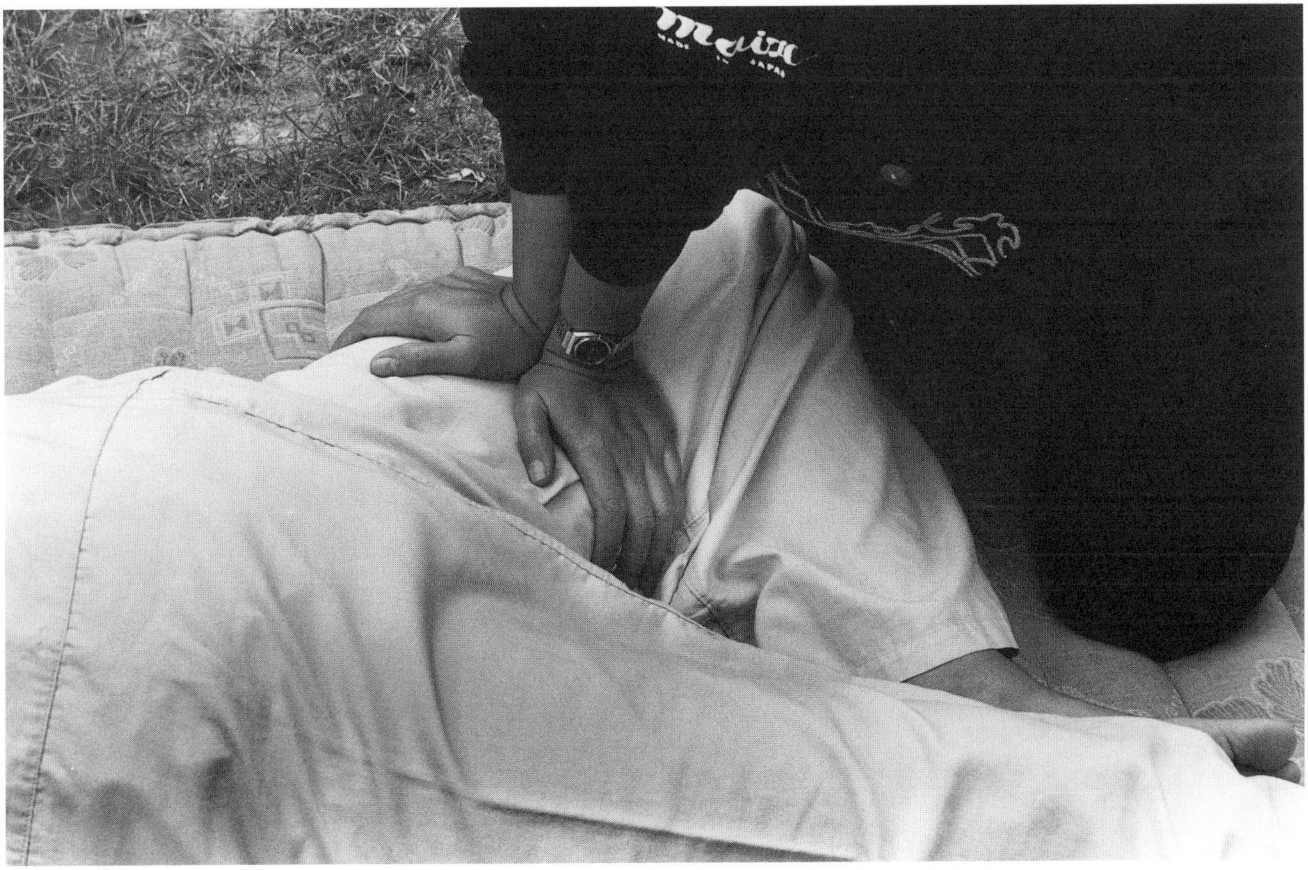

9

Das Bein des auf dem Rücken liegenden Partners wird angewinkelt.
+ Bearbeiten Sie mit Handballendruck das Bein vom Knie bis zur Leiste und zurück (das Knie selbst wird ausgespart).

10
Zwischen den Beinen des Partners sitzend, halten Sie dessen abgewinkeltes Bein, um es zu fixieren. Eines Ihrer Beine ist gestreckt.
+ Bearbeiten Sie mit Ihrer Fußsohle den Oberschenkel des Partners von der Kniebeuge in Richtung Becken.

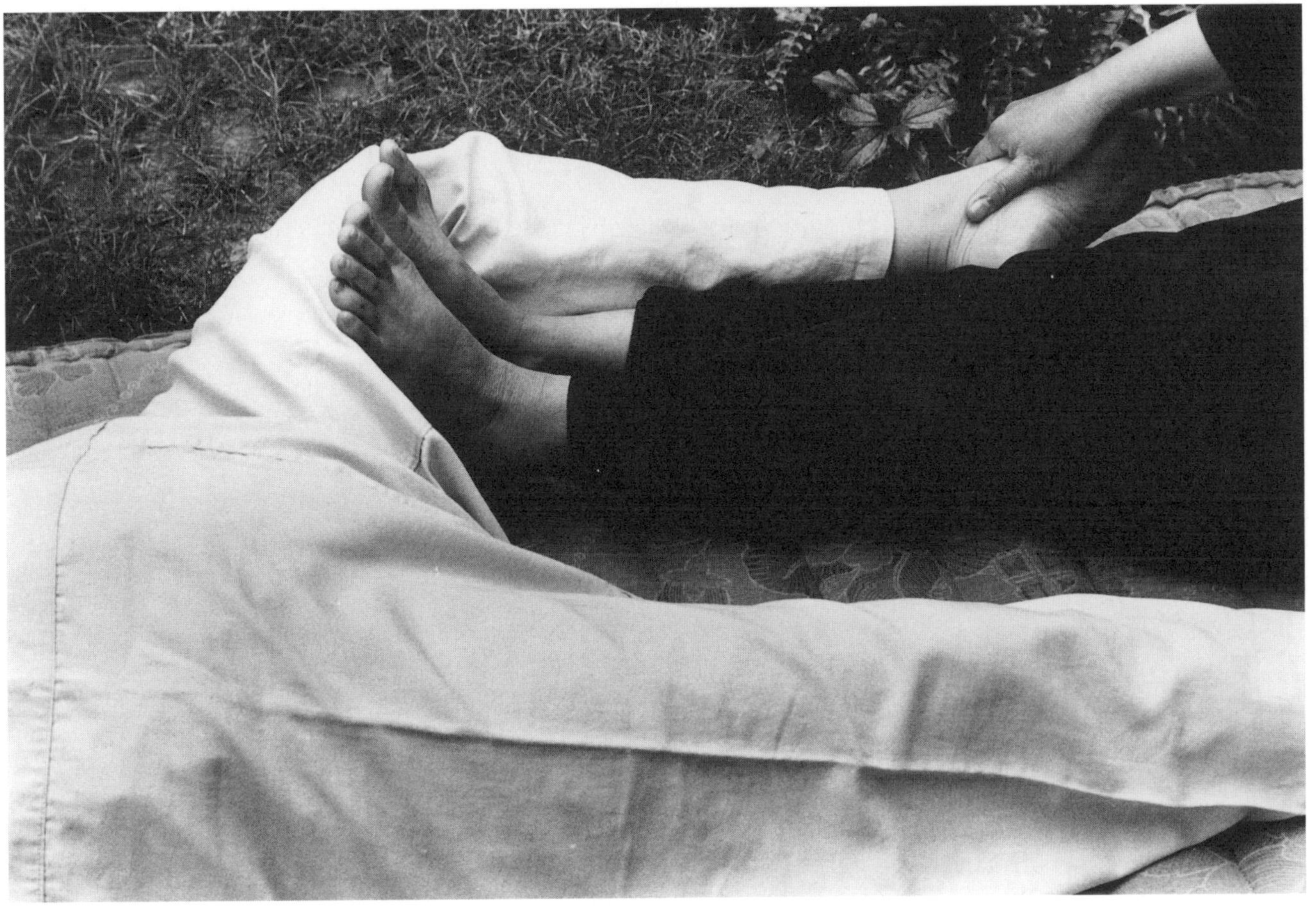

11
+ Eine Steigerung erfährt der Fußsohlendruck auf den Oberschenkel, wenn Sie beide Beine einsetzen.

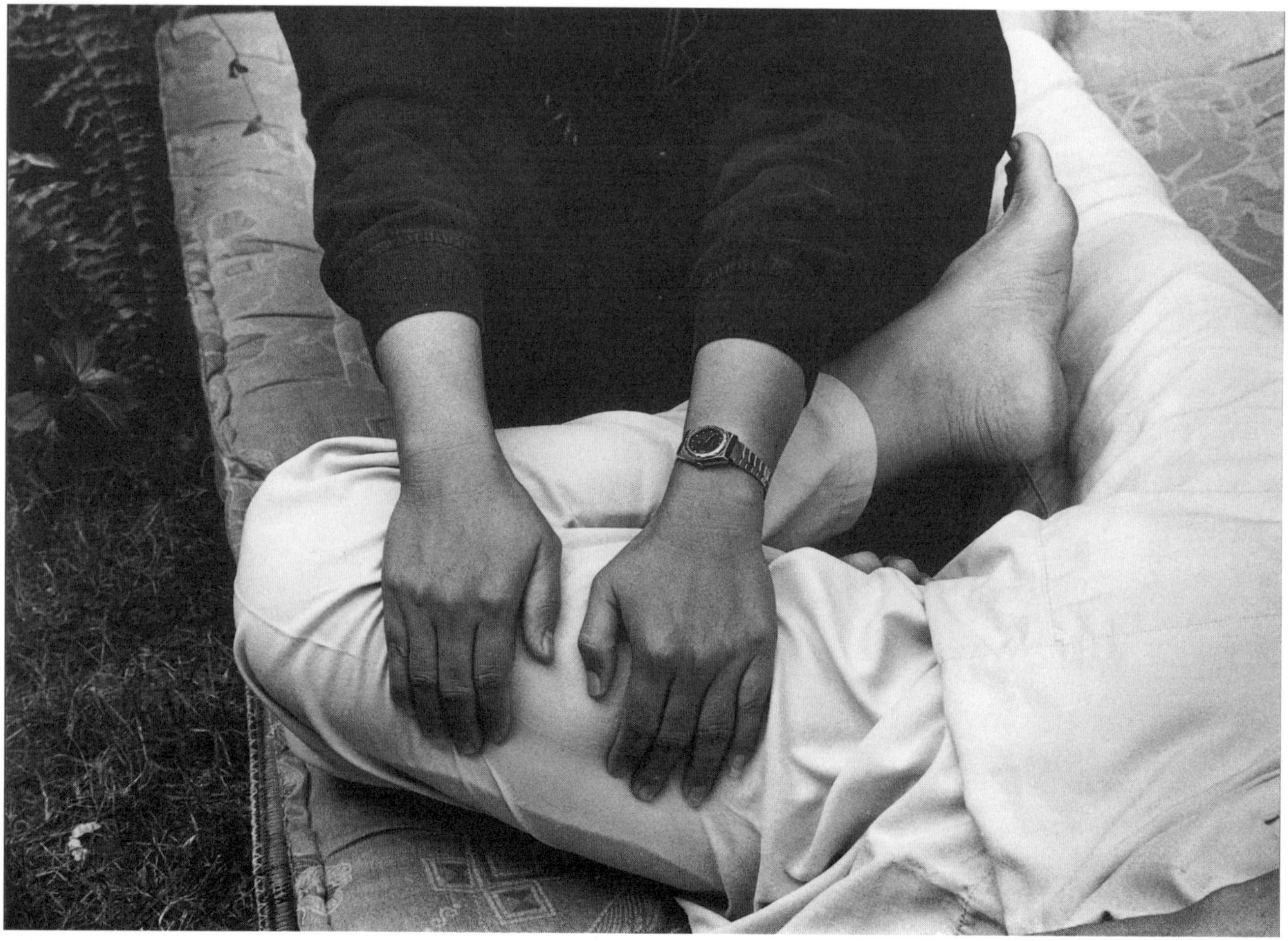

12

Sie fixieren mit Ihren Fußsohlen das angewinkelte Bein des Partners an der Innenseite des Oberschenkels.

+ Bearbeiten Sie mit den Fingerspitzen die Energiebahnen vom Knie bis zur Hüfte und zurück.

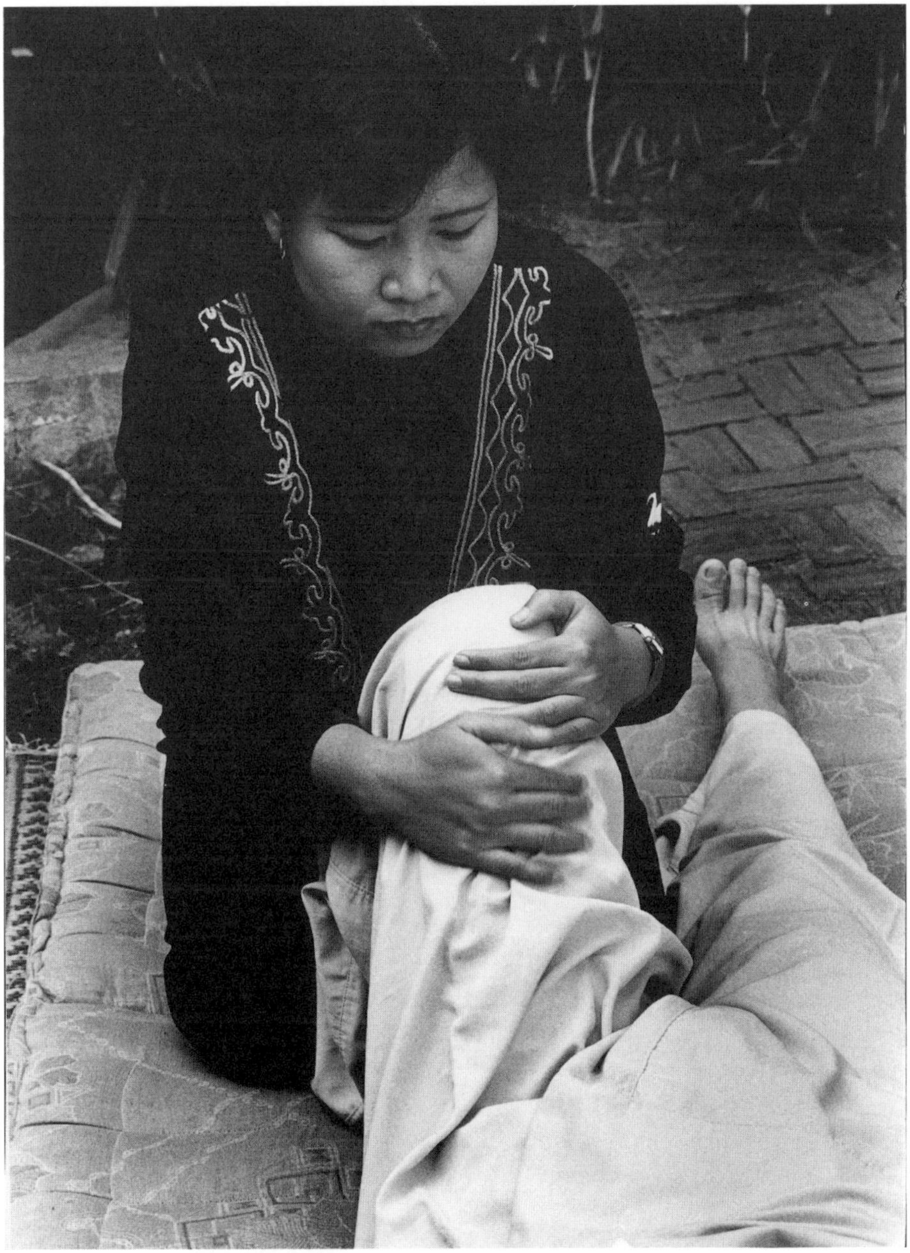

13
Ein Bein des auf dem Rücken liegenden Partners ist abgebogen und aufgestellt. Der Fuß ruht zwischen Ihren Beinen.
+ Bearbeiten Sie die Energiebahnen des Oberschenkels, mit beiden Händen auf und ab wandernd, vom Knie bis zur Hüfte und zurück.

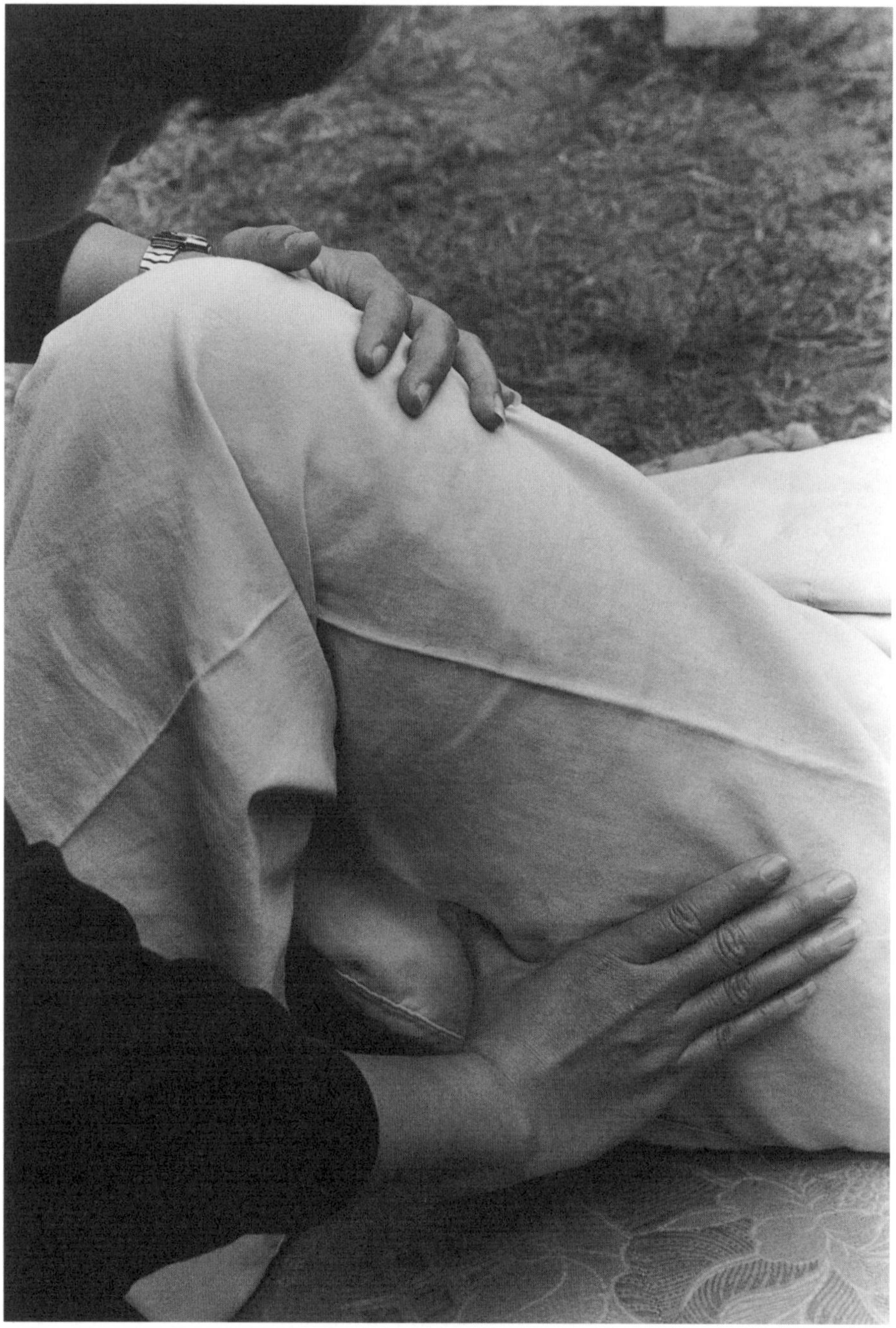

14
+ Bearbeiten Sie mit festem Daumenballendruck die Rückseite des Oberschenkels. Spüren Sie den Sitzknochenvorsprung, auf den Sie einen längeren Druck ausüben.

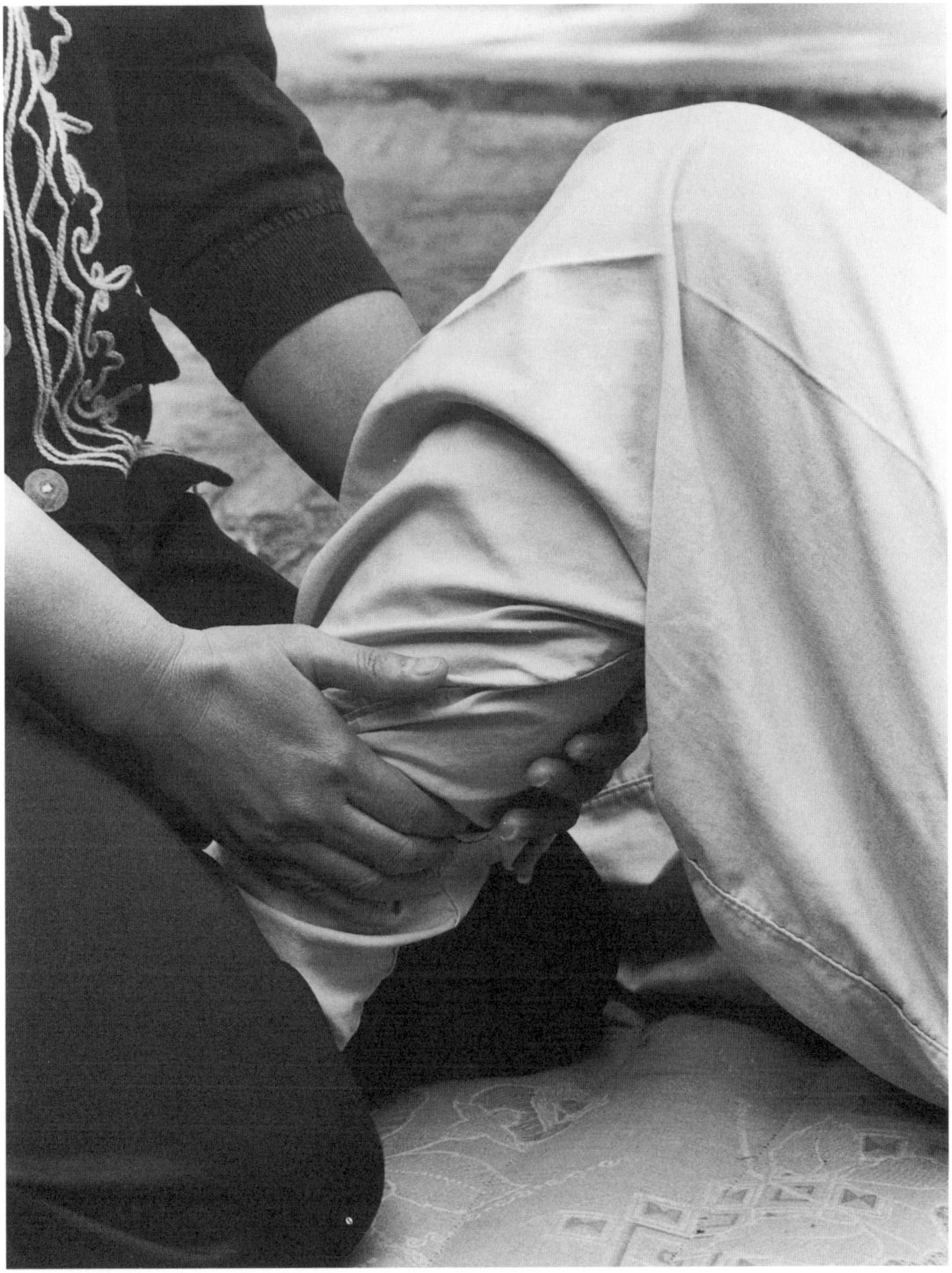

15
+ Lassen Sie Ihre Hände an der Wade des Partners entlang der Mittellinie auf und ab wandern: Fingerdruckmassage vom Knie abwärts und zurück.

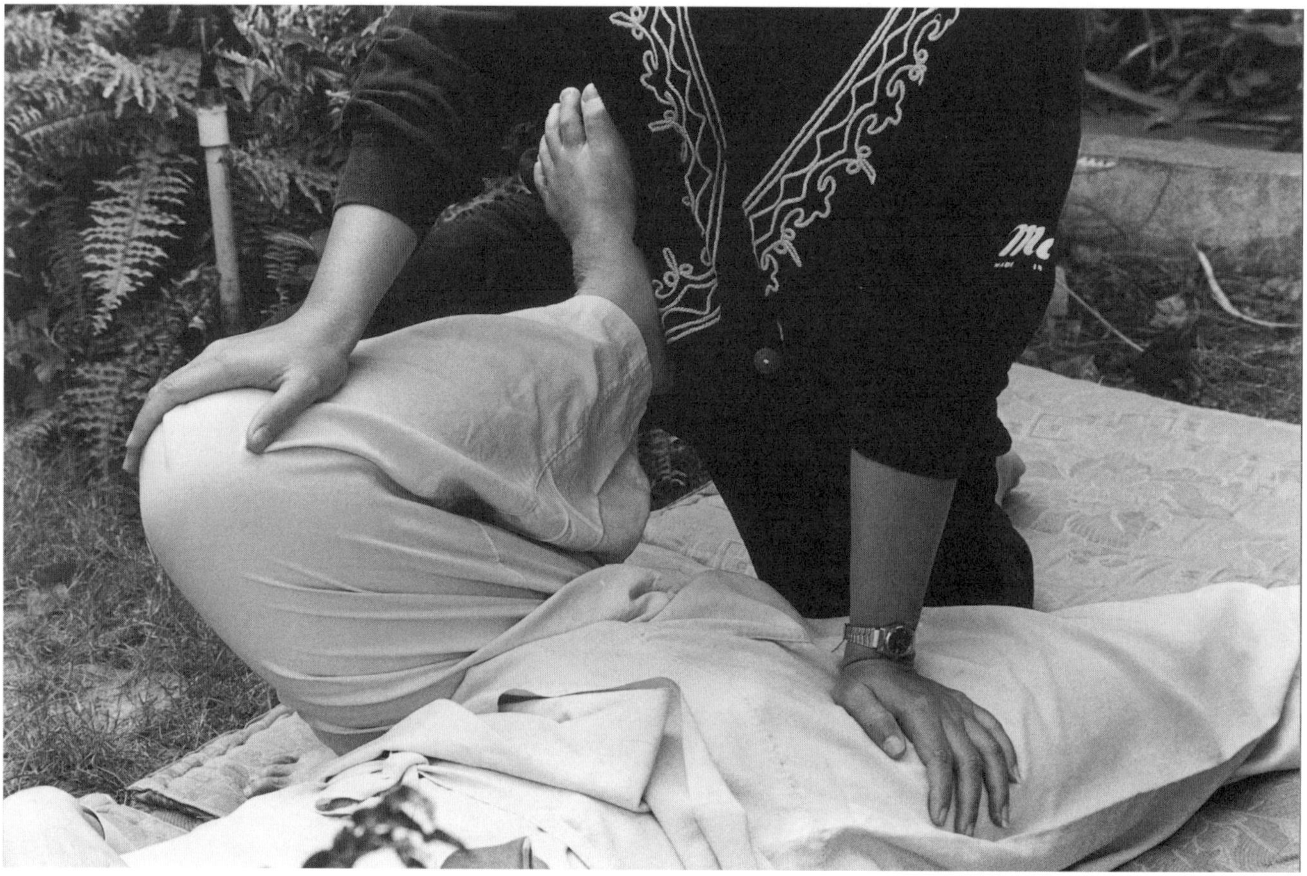

16

Der Partner liegt auf dem Rücken mit einem ausgestreckten und einem angezogenen Bein. Mit einem Bein kniend, setzen Sie den Fuß des abgewinkelten Beins an Ihre Leiste. Um das Bein zu stabilisieren, legen Sie Ihre Hand auf das Knie.

+ Massieren Sie mit Ihrer freien Hand (Handballendruck) den Oberschenkel des gestreckten Beins von der Hüfte bis zu den Knien und zurück.

+ Plazieren Sie schließlich Ihre aktive Hand unterhalb der Leistenbeuge und lehnen Sie sich sacht nach vorn, um die Hüfte des Partners zu strecken.

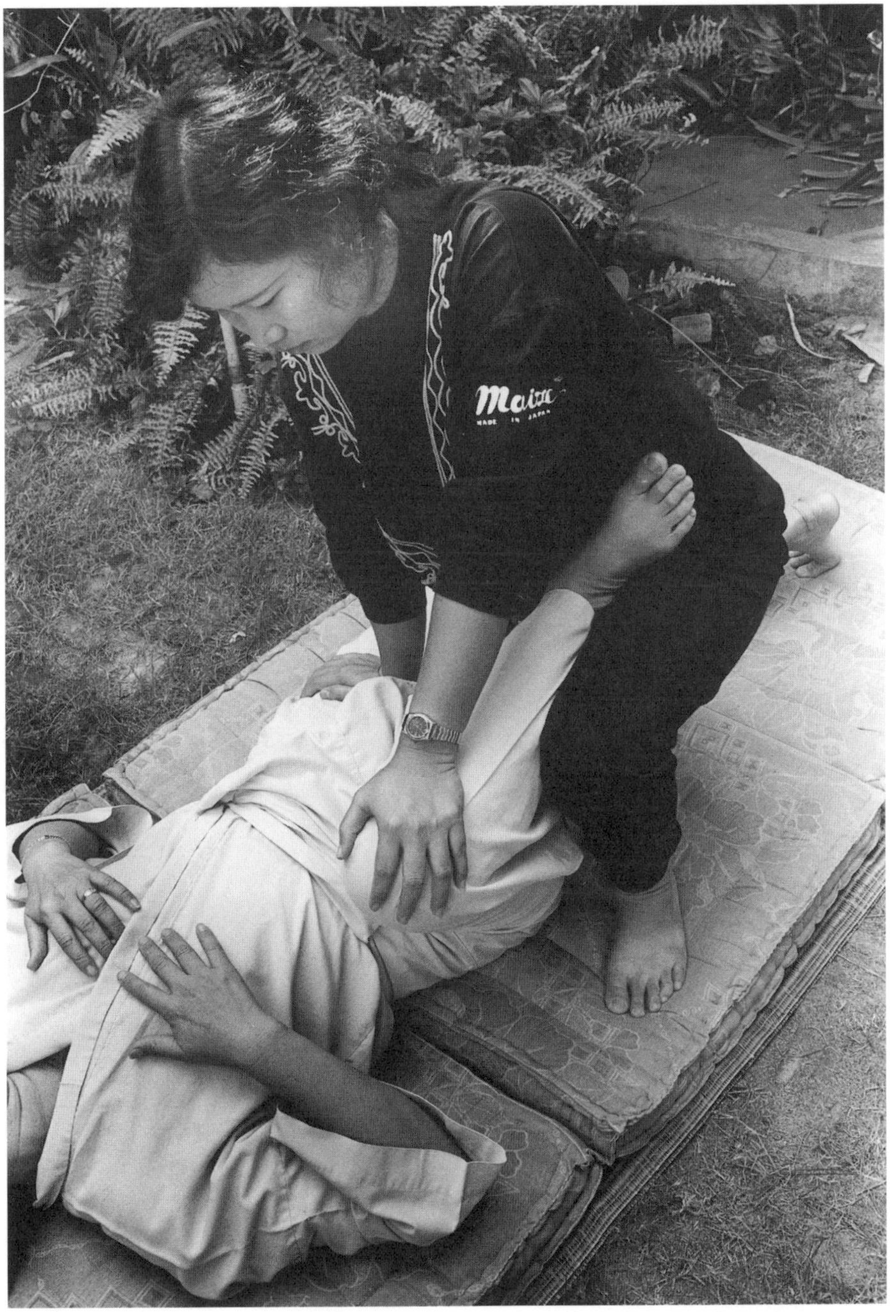

17

+ Drücken Sie (unter Einsatz Ihres Körpergewichts) das abgebogene Knie des Partners an dessen Körper. Sein gestrecktes Bein halten Sie mit der anderen Hand am Boden.

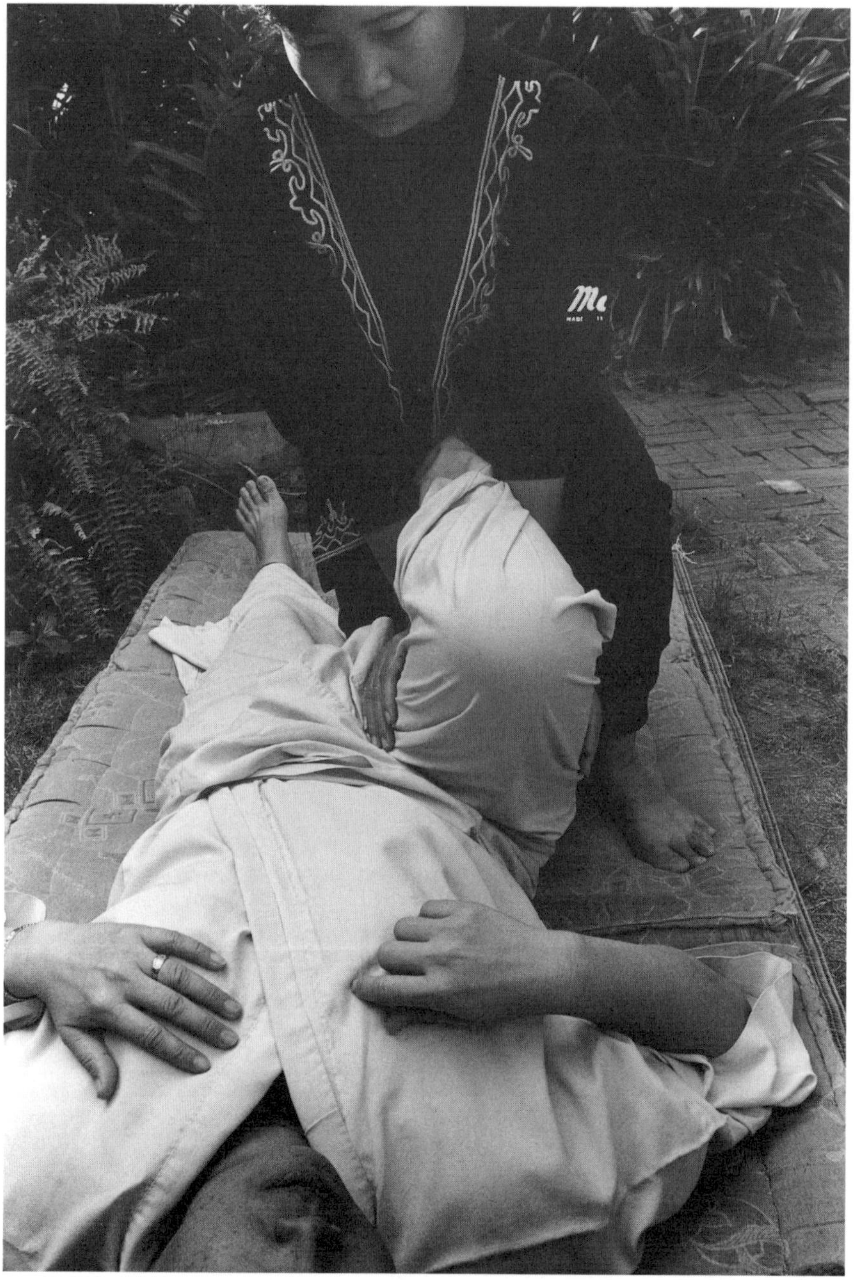

18

+ Behandeln Sie das abgebogene, mit dem Fuß an Ihrer Leiste ruhende Bein des Partners durch Massage der Rückseite des Oberschenkels: Wandern Sie dabei mit den Händen zwischen Kniekehle und Becken auf und ab. + Lehnen Sie sich sacht nach vorn.

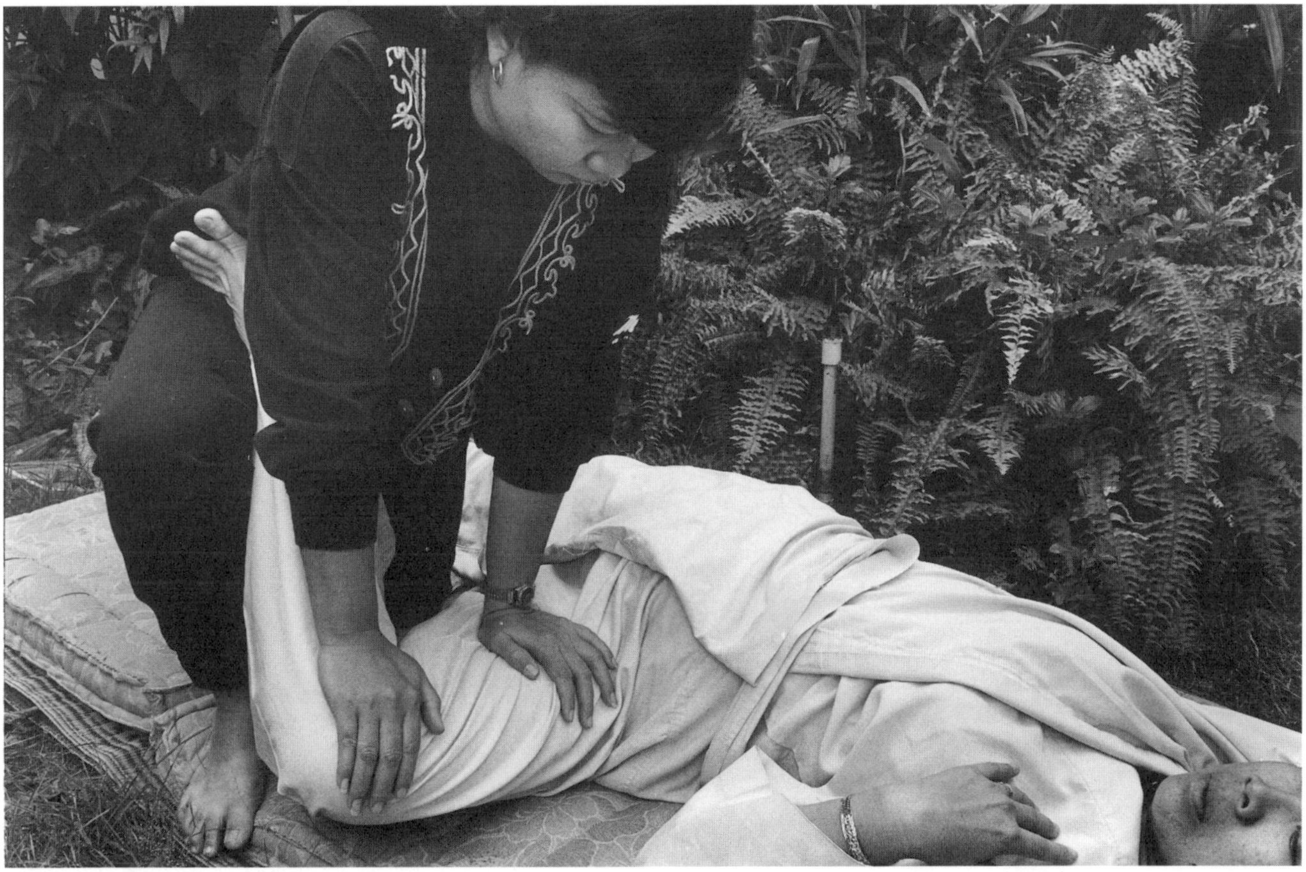

19

+ Schieben Sie das abgebogene Bein des Partners, das mit dem Fuß an Ihrer Leiste liegt, nach außen und drücken Sie das Knie behutsam zu Boden.

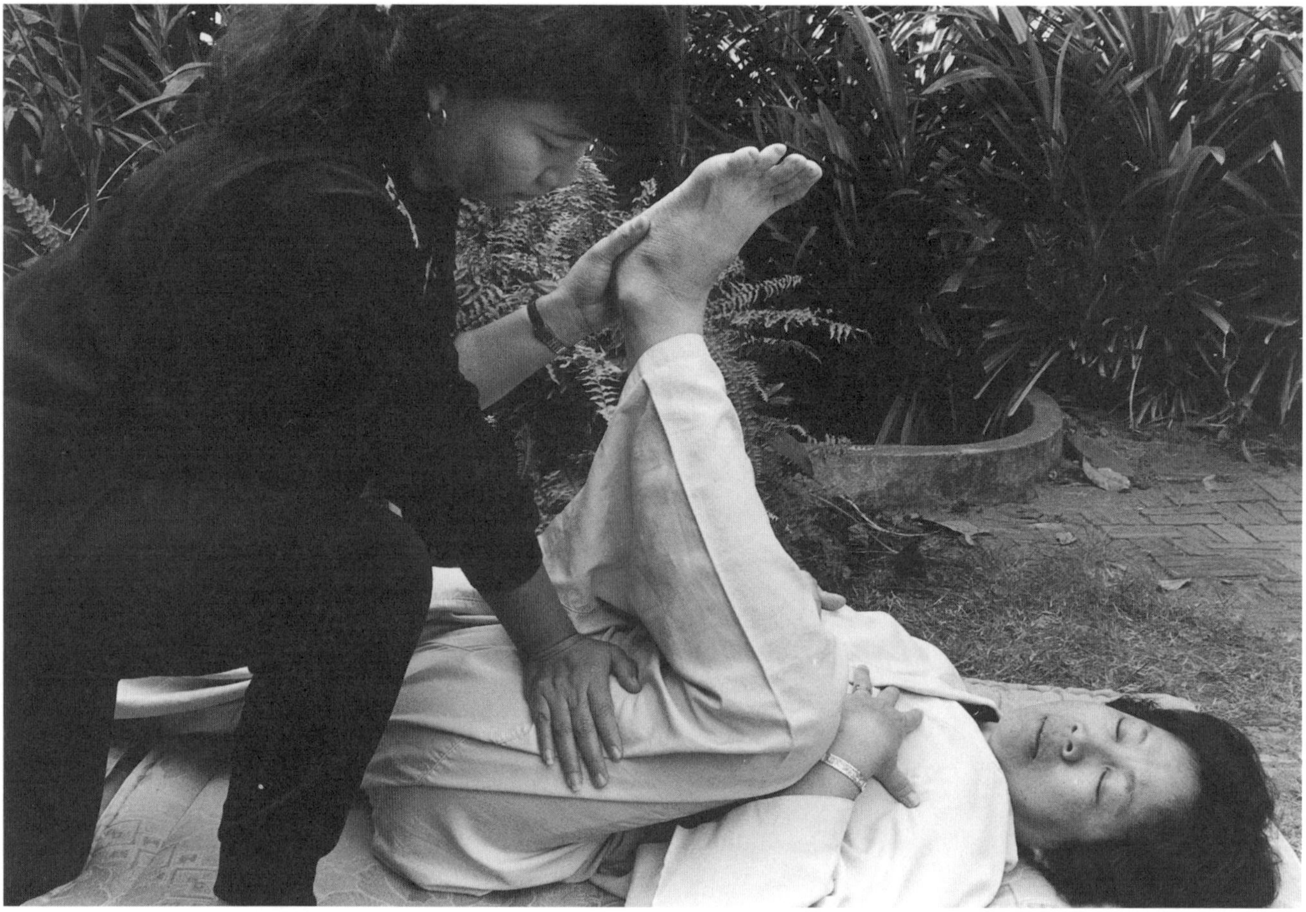

20

Sie fassen mit Ihrer inneren Hand die Ferse des angewinkelten Beins des Partners und heben seinen Fuß, bis das Knie den Oberkörper berührt.

+ Pressen und drücken Sie mit Ihrer äußeren Hand den Oberschenkel von der Kniekehle bis zur Hinterbacke, vorwärts und rückwärts.

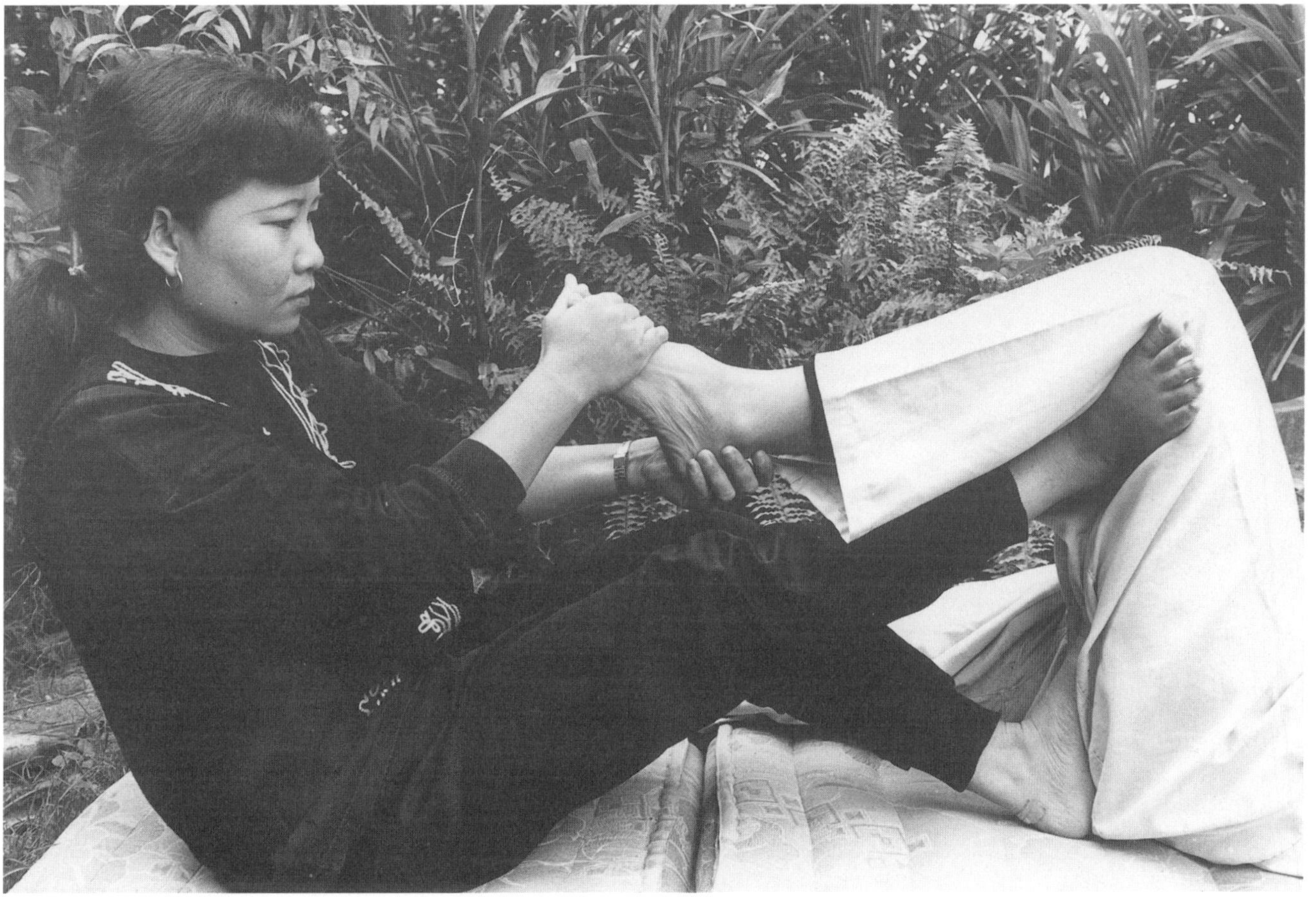

21
Sitzend halten Sie das angewinkelte Bein des Partners an der Ferse und am Vorderfuß (Ober- und Unterschenkel bilden einen rechten Winkel). Sie setzen Ihren äußeren Fuß mit auswärts zeigenden Zehen auf den Oberschenkel unterhalb der Kniekehle und Ihren inneren Fuß auf die Hinterbacke.
+ Strecken Sie Ihr äußeres Bein und stemmen Sie es gegen den Oberschenkel, mit der Fußsohle zwischen Kniekehle und Hinterbacke hin und her wandernd. Ziehen Sie gleichzeitig den Fuß des Klienten zurück (zu sich heran).

22

Aus der Position 21 lassen Sie sich zurückfallen. Durch den Zug strecken Sie das Bein des Partners. + Drücken Sie das gestreckte Bein 3mal aufwärts und vorwärts, ohne Ihre auf die Hinterbacke gestützten Füße zu verändern.

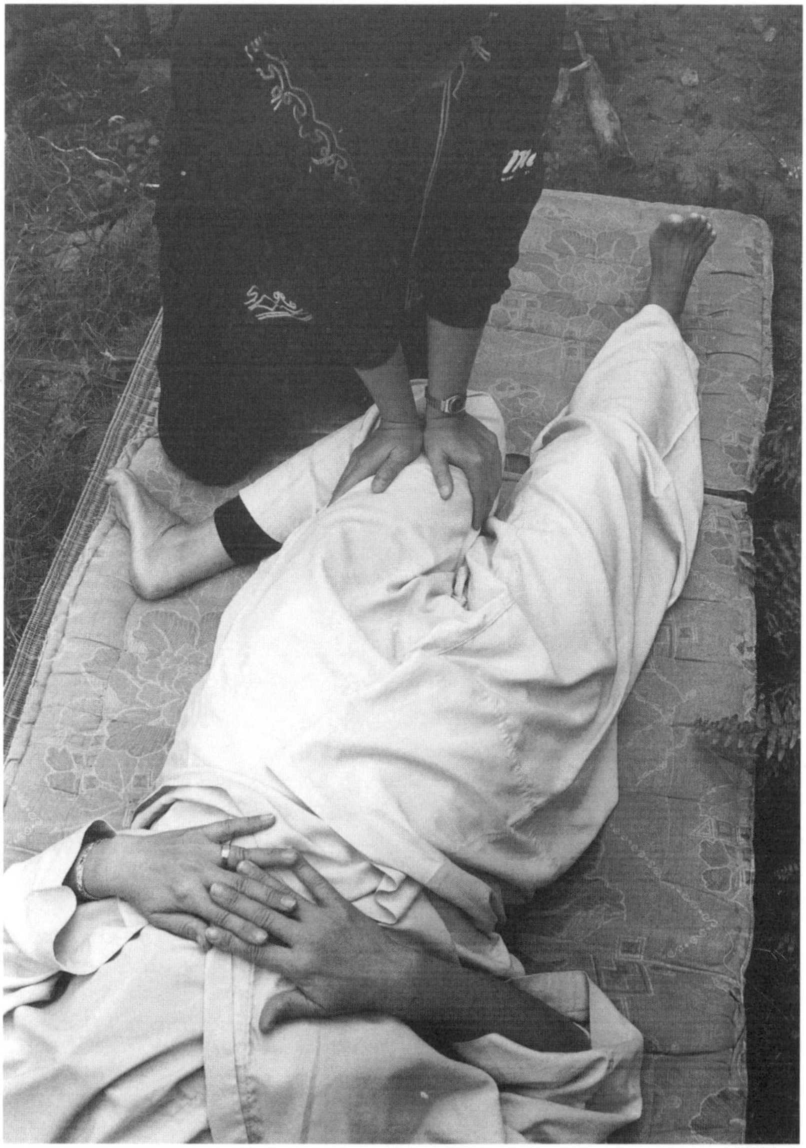

23
Sie legen das angewinkelte Bein des Partners nach innen, bis Knie und Schenkel den Boden berühren. (Das ist bei Orientalen in der Regel kein Gefahrenpunkt, wohl aber bei unflexiblen Westlern, bei denen sicherheitshalber ein Kissen unter das Knie gelegt werden sollte).
+ Massieren Sie mit Handballen- und Daumendruck die Außenseite des Oberschenkels von der Hüfte bis zum Knie und zurück. Zwischendrin kann das Bein des Klienten zur Entspannung gestreckt und noch einmal angewinkelt werden.

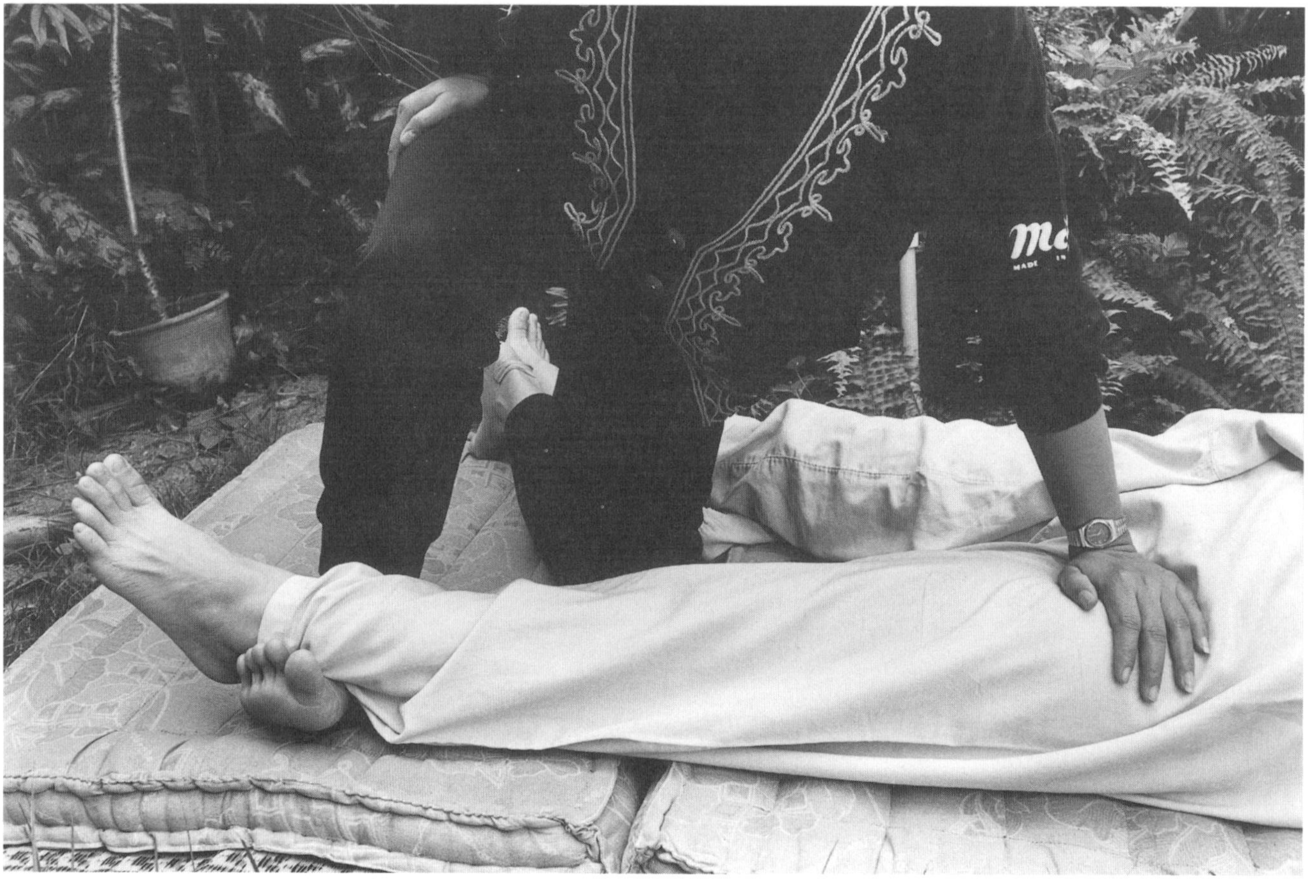

24

Sie knien mit einem Bein zwischen den Beinen des Partners. Eines seiner Beine ruht oberhalb der Ferse auf dem Rist Ihres aufrechten Beins.

+ Massieren Sie mit Handballendruck die Innenseite des Oberschenkels.

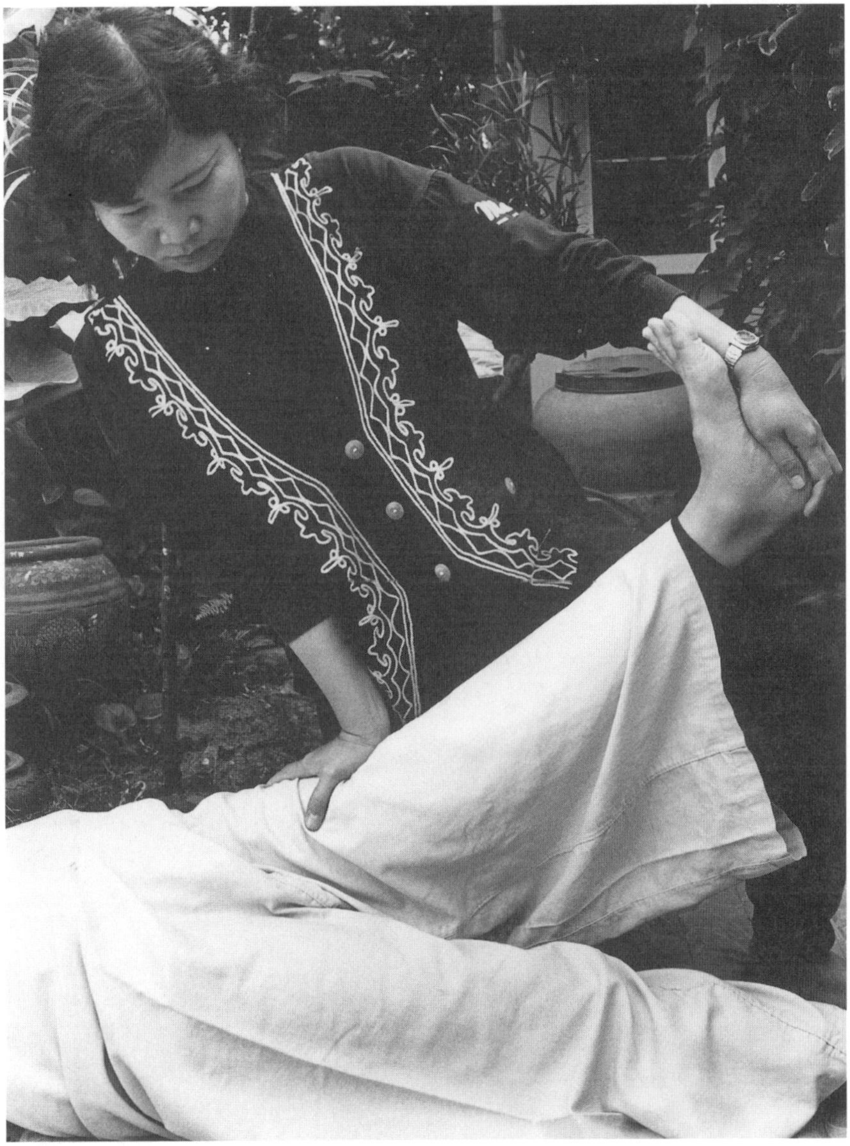

25

Sie knien mit einem Bein und legen das durchgestreckte Bein des Partners auf Ihr erhobenes Knie. Eine Hand hält seine Ferse (seine Fußsohle schmiegt sich dabei an Ihren Unterarm), die andere Hand stützt sich auf seinen Oberschenkel knapp oberhalb des Knies.

+ Massieren Sie mit Handballendruck den Oberschenkel.
+ Gleichzeitig pressen Sie mit Ihrem Unterarm den Fuß, so daß sich Achillessehne, Wade und Knieflechse dehnen.

26 a

Sie halten ein Bein des auf dem Rücken liegenden Patienten aufrecht, das andere ist abgewinkelt auf den Oberschenkel gelegt ...

26 b

... + In der Position 26 a massieren Sie mit Daumendruck die Reflexzonen sowie Energiebahnen und -punkte der Fußsohle.

27
Um die Lage des Partners zu festigen, klemmen Sie sein angewinkeltes Bein zwischen Ihre Beine.
+ Massieren Sie mit Ihrem Ellbogen die Fußbettmitte des gestreckten Beins.
+ Unterbrechen Sie zwischendrin die Druckmassage und schieben Sie das vertikale Bein – mit Griff an den Knöcheln – 3mal nach vorne: zur Dehnung und Streckung.

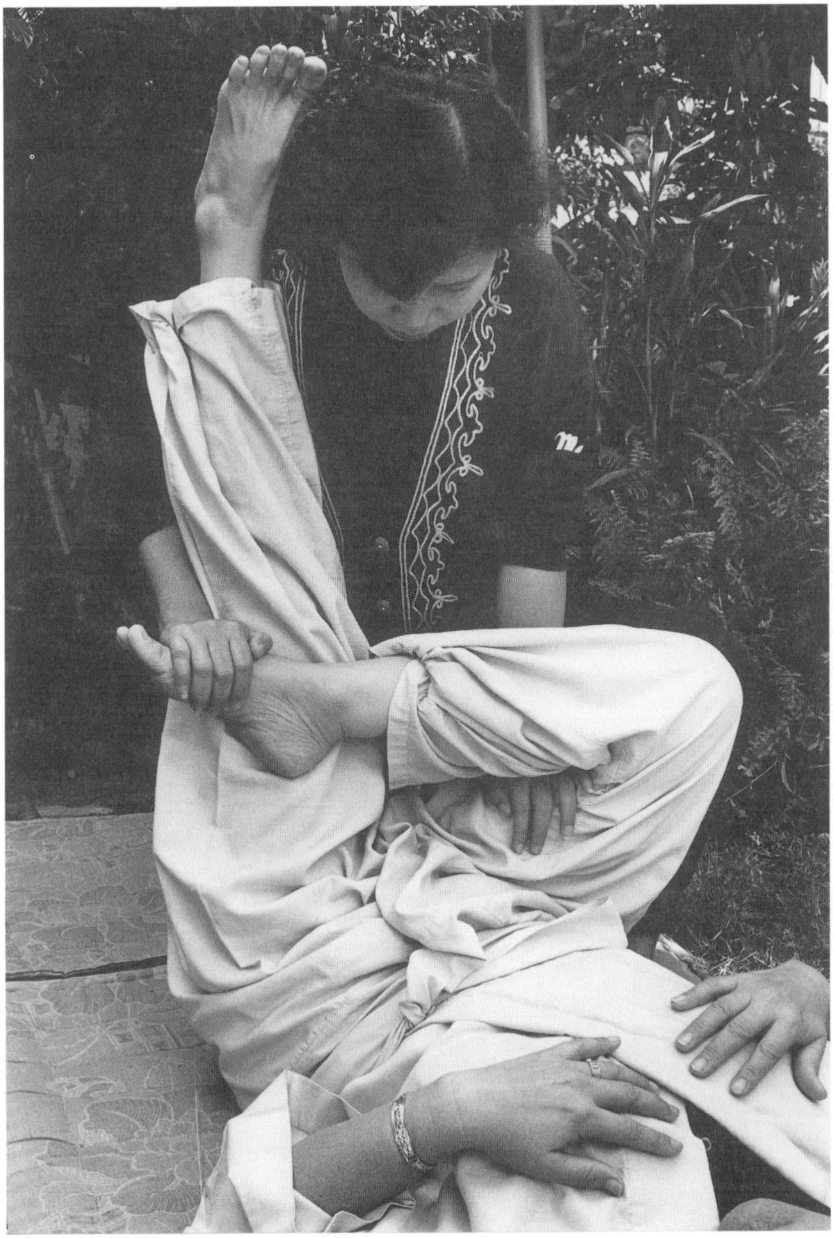

28
Sie legen das gestreckte Bein des Partners an Ihre Schulter. Das angewinkelte Bein umfassen Sie am Vorderfuß.
+ Massieren Sie mit dem Ballen der anderen Hand die Innenseite des Oberschenkels, von der Kniekehle bis zum Gesäß. Bei jeder Pressur schaukelt Ihr Körper nach vorn.

29

Sie halten die hochgestreckten Füße des Partners an den Knöcheln und nehmen zur eigenen Stabilisierung einen breiten Stand ein, wenn Sie sich auf die Hinterbacken des Partners knien.

+ Drücken und schieben Sie die Füße des Klienten nach vorne (die Füße des Masseurs rühren sich nicht von der Stelle, nur die Zehen krümmen sich).

+ Lassen Sie los und wiederholen die Prozedur ein zweites und ein drittes Mal, wobei Sie jedesmal mit den Knien vorrücken.

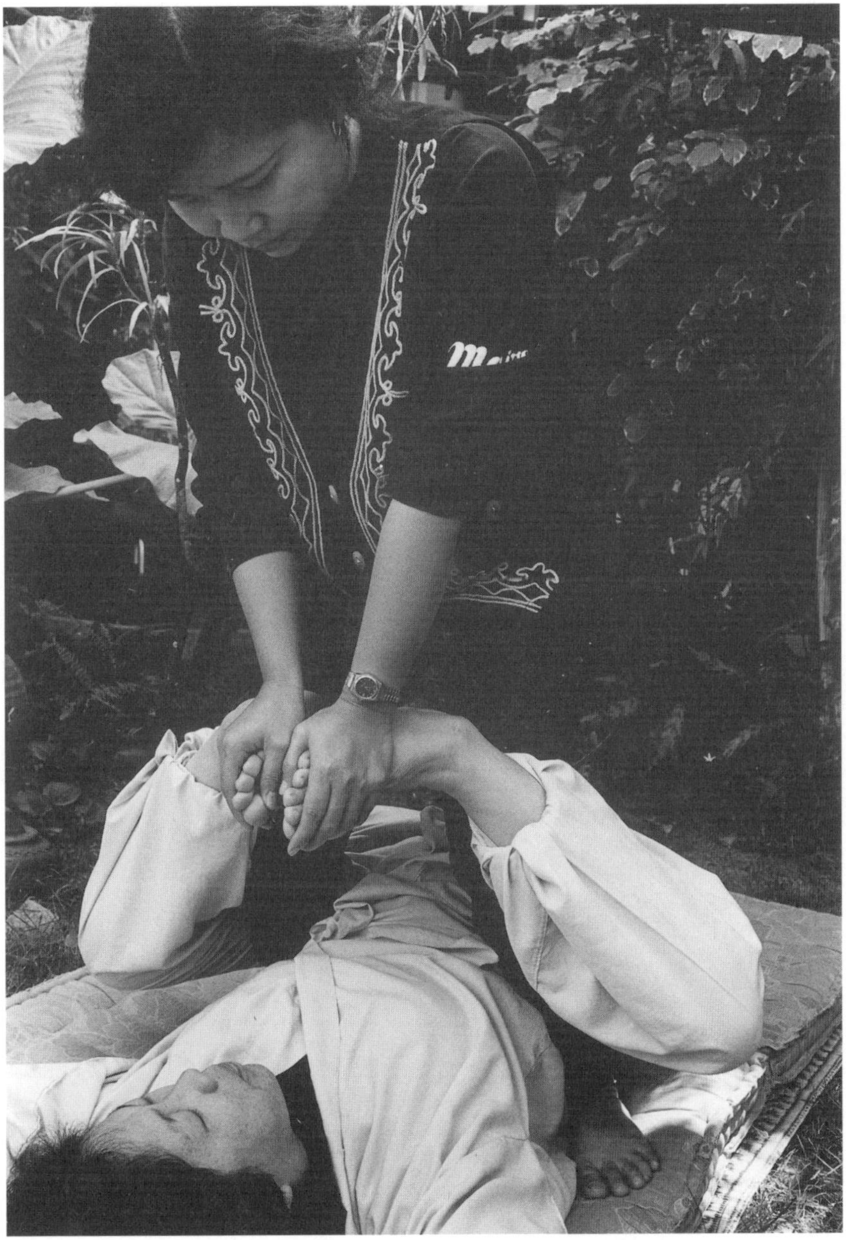

30

Die Beine hochgestreckt, liegt der Partner auf dem Rücken. Ihre Füße flankieren seinen Rumpf.

+ Drücken Sie, Ihre Knie beugend, die zusammengebrachten Füße des Partners zu seinem Körper, bei flexiblen Personen bis zur Nase.

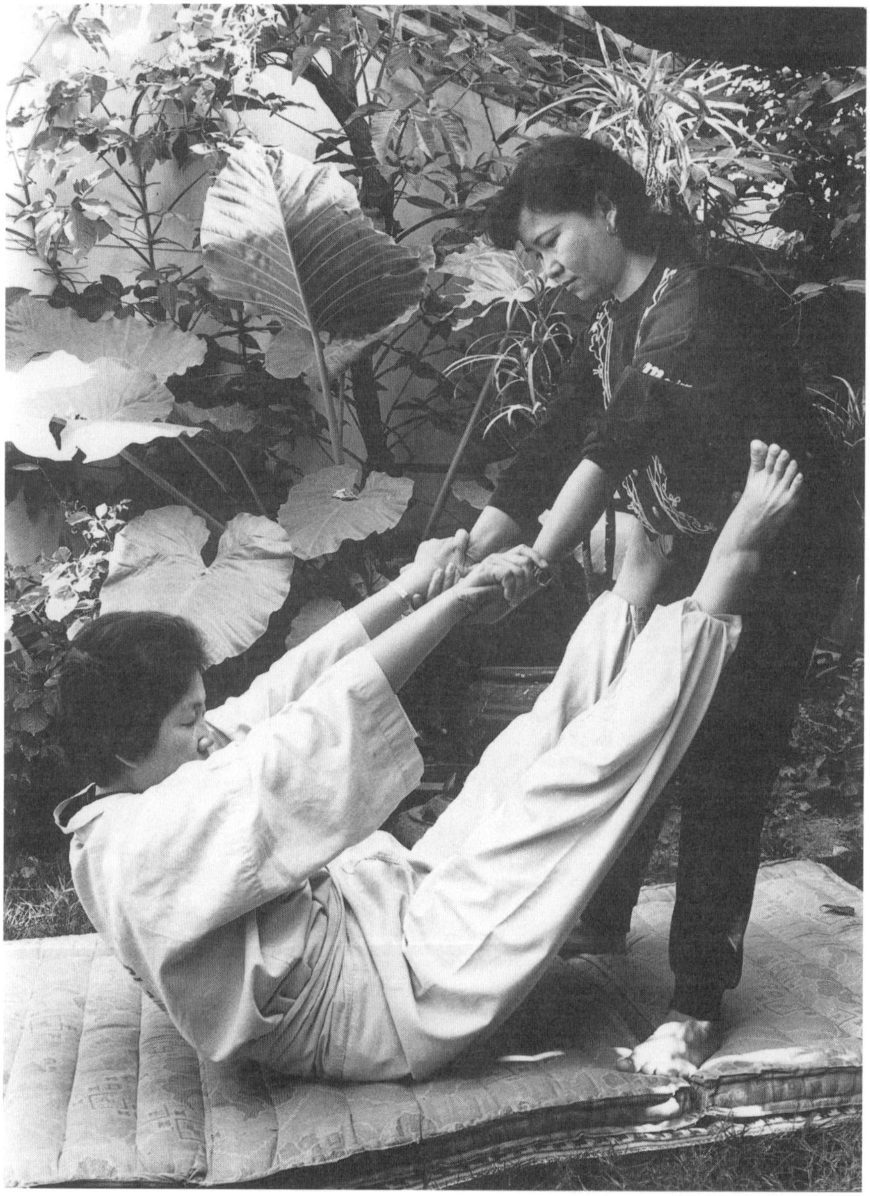

31

Sie plazieren die Füße des Partners an Ihren Seiten. Masseur und Klient halten einander an den Handgelenken.

+ In breitbeinigem Stand ziehen Sie – sich zurücklehnend – den Oberkörper des Partners hoch, 3mal. (Wenn der Partner flexibel ist, berührt sein Kopf die Knie: Das ist die berühmte Rückenstreckübung = Paschimottanasana der Yogis.)

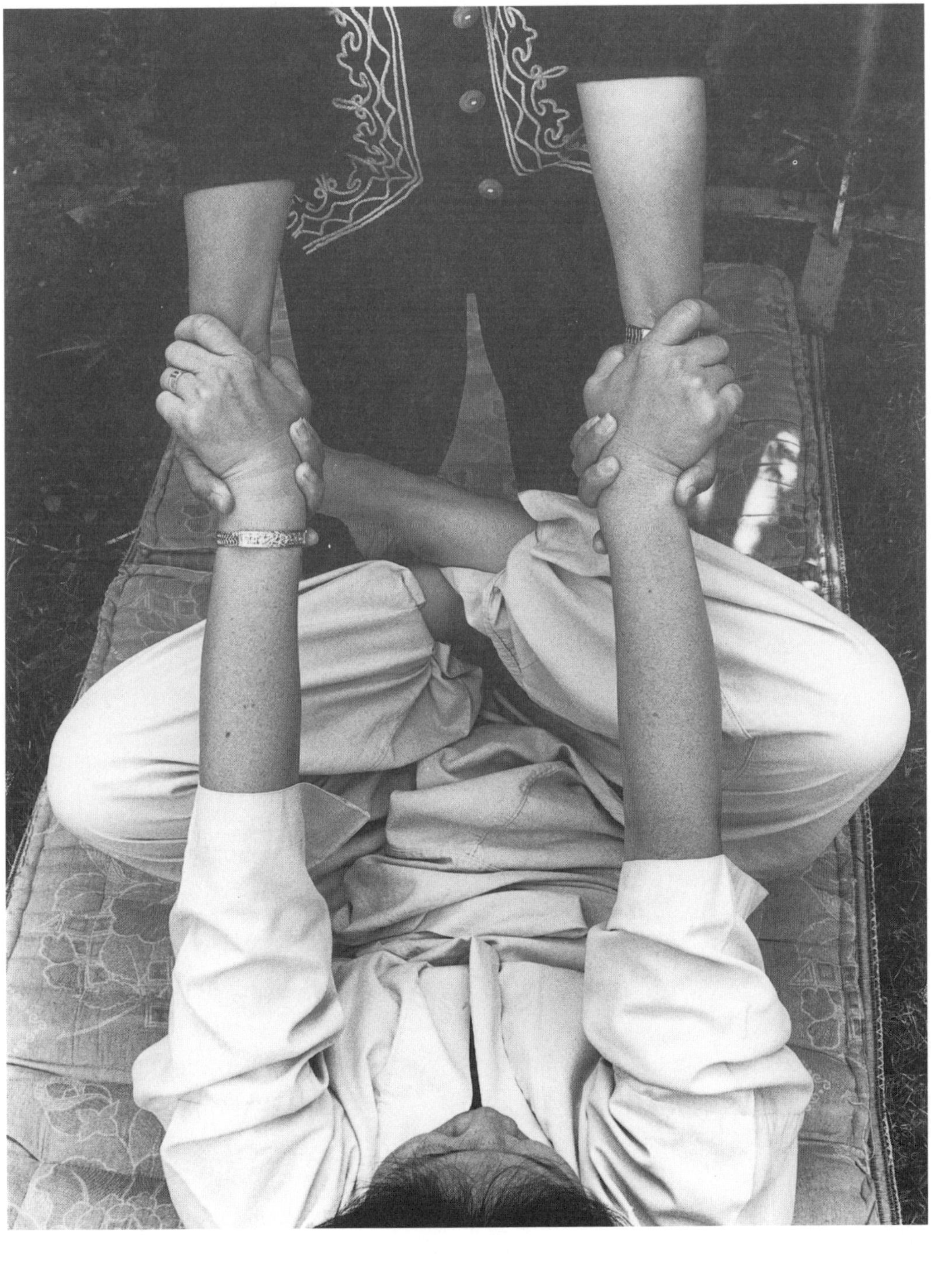

32
+ Diesmal sind die Füße des Partners überkreuzt, wenn Sie ihn 3mal emporziehen.

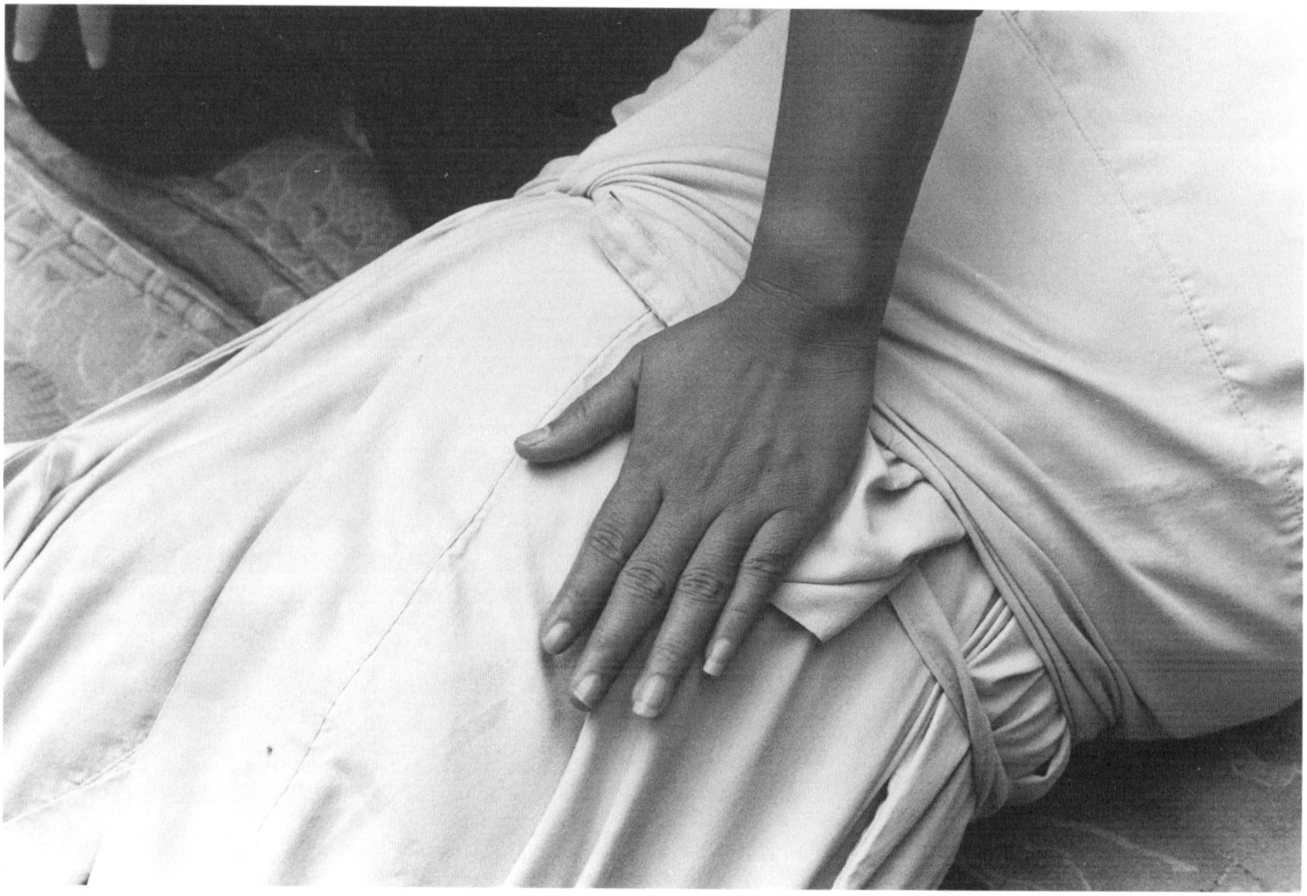

Stimmen Sie besonders bei der Bauchmassage Ihre Bewegungen auf den Atemrhythmus des Partners ab: drücken Sie, wenn er ausatmet.

33

(Bauchmassage frühestens 3 Stunden nach einer Hauptmahlzeit bzw. 1 1/2 Stunden nach einem Imbiß).

+ Ziehen Sie sanfte Kreise auf dem Bauch: abwechselnd mit der Handfläche, den Handballen und den flachen Fingern. Im Uhrzeigersinn (nur wenn der Klient unter Durchfall leidet, gegen den Uhrzeigersinn). Das entspannt Bauch und innere Organe.

+ Sodann drücken Sie behutsam mit den Daumen die Energiepunkte auf dem Bauch (Abb. 3, S.84 f.).

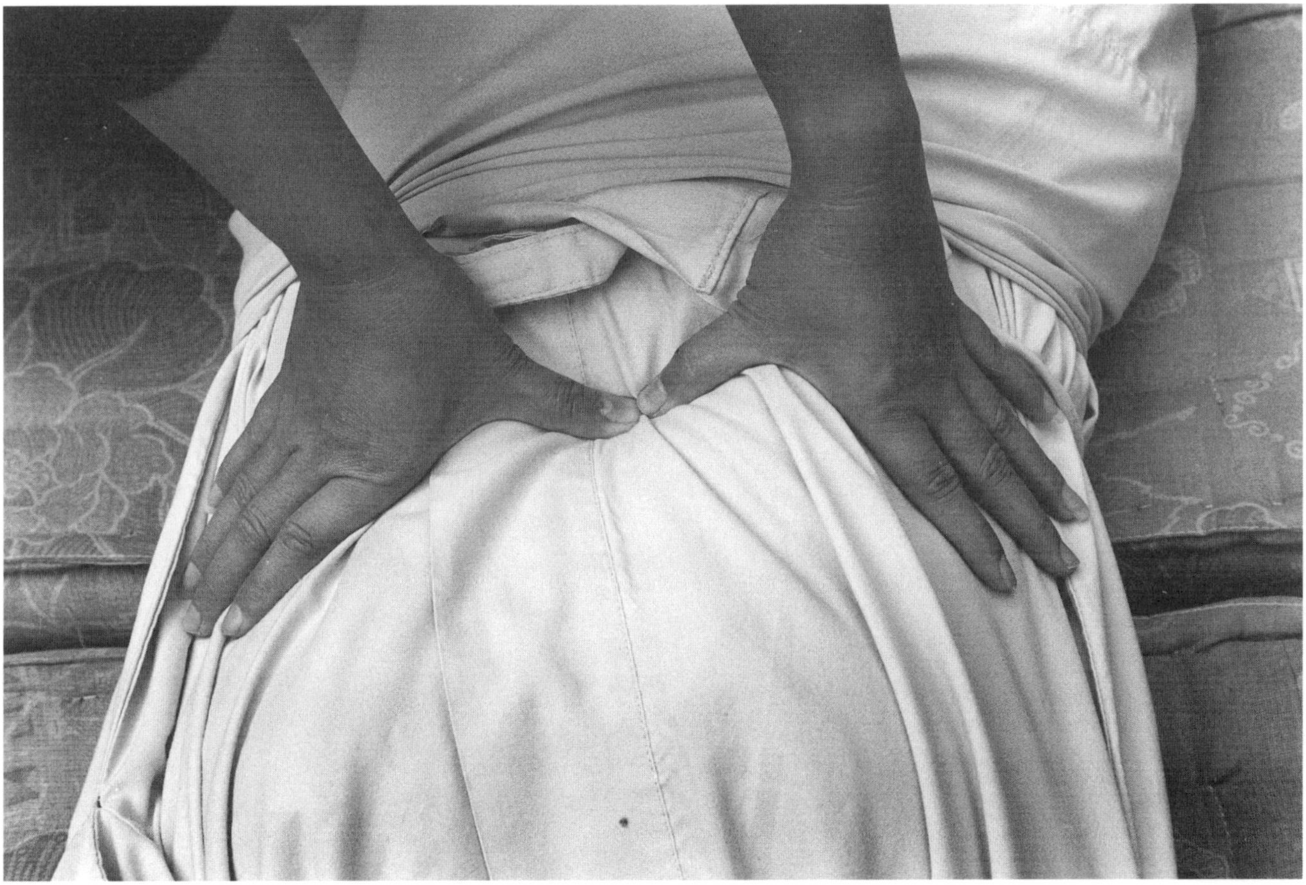

34

+ Drücken Sie – während der Partner ausatmet – mit den flachen Daumen vorsichtig die beiden Energiepunkte neben dem Nabel.

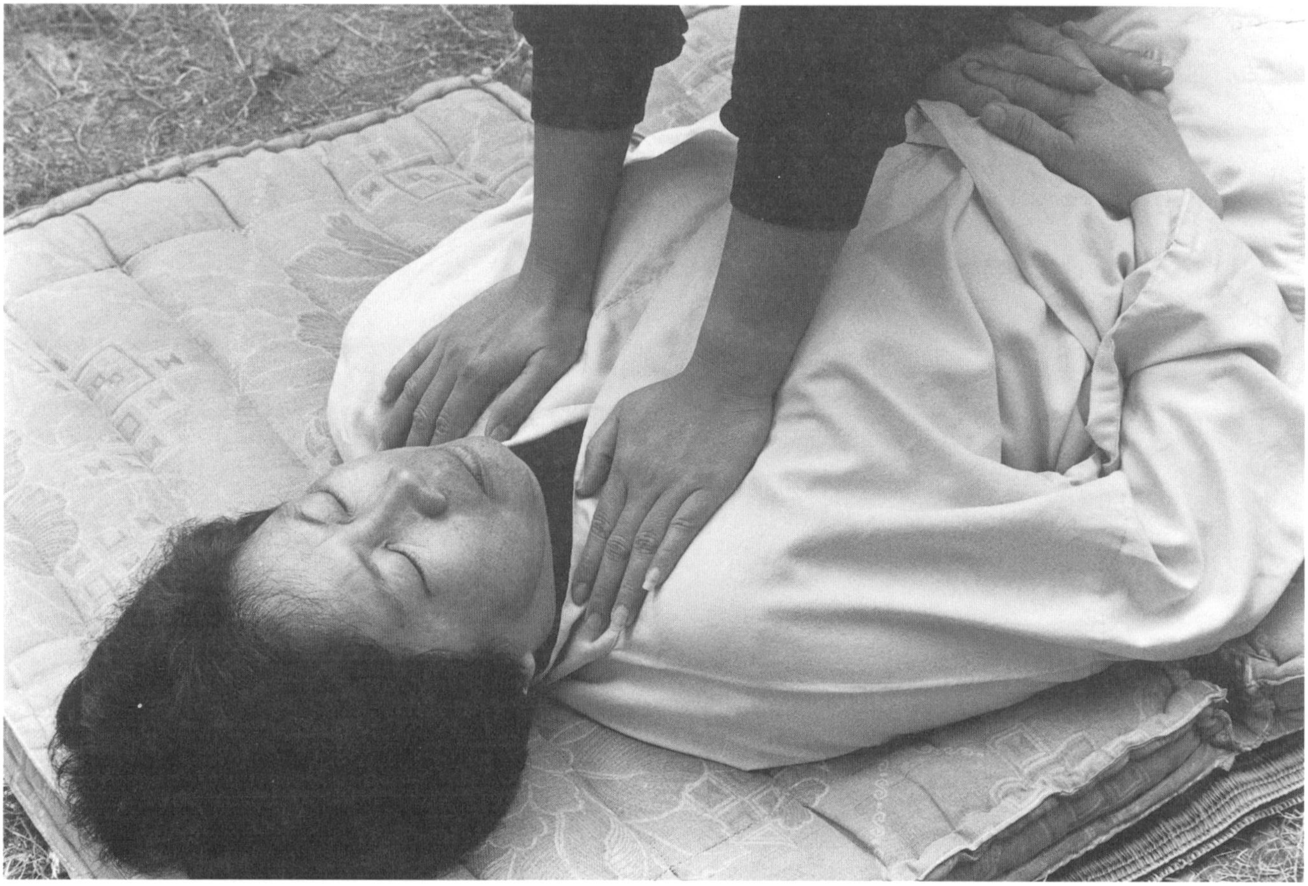

35

Nachdem Sie mit rotierenden Bewegungen des Mittelfingers das Brustbein bearbeitet haben – aufwärts, abwärts, aufwärts –, plazieren Sie die Handballen unterhalb des Schlüsselbeins.
+ Pressen Sie die Muskeln (nicht die Knochen): ihre Arme sind dabei gestreckt, damit Sie Ihr Körpergewicht nutzen können.

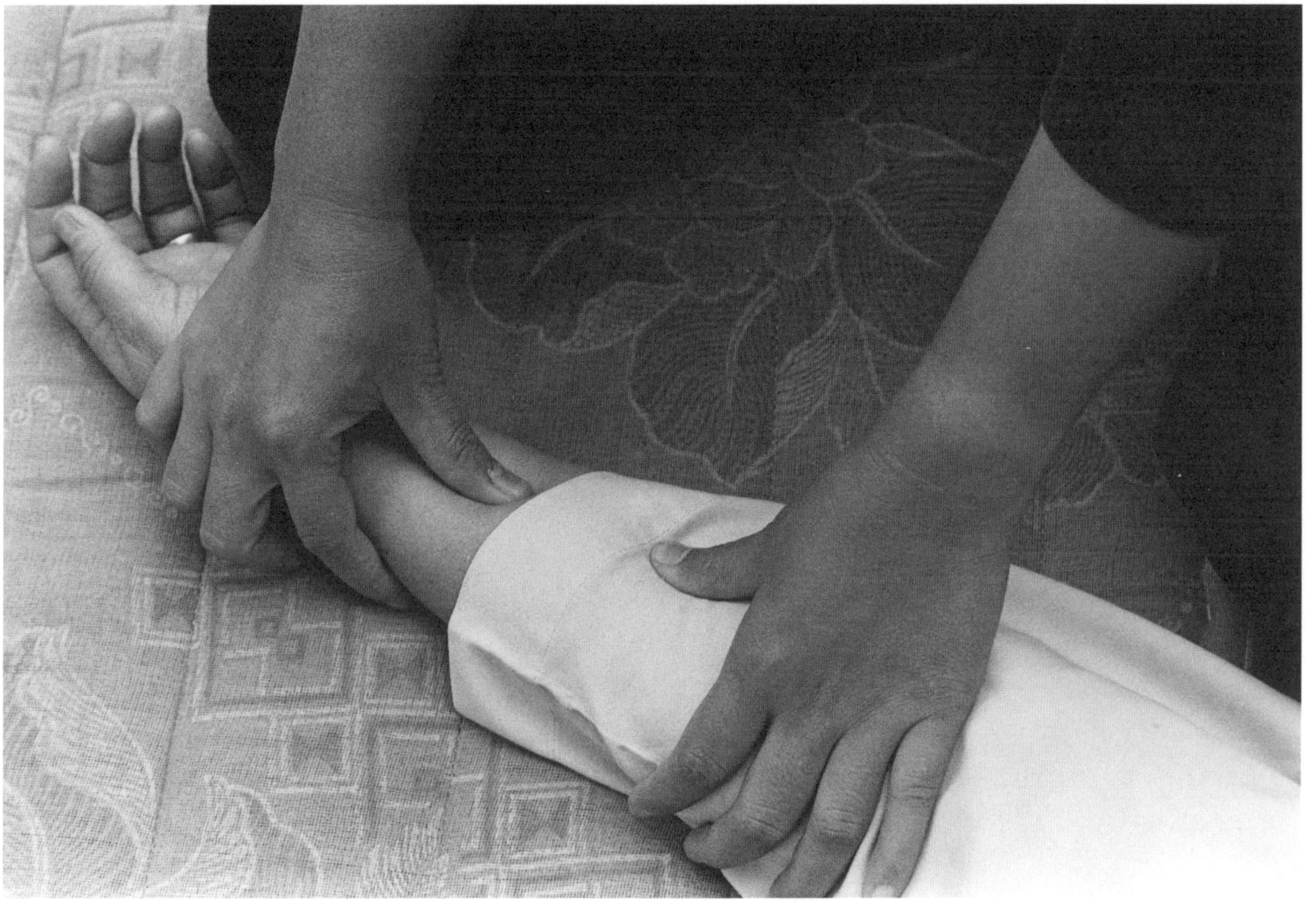

36

+ Massieren Sie mit wechselweisem Daumendruck die Innenseite des ausgestreckten Arms auf der Mittellinie, vom Handgelenk bis zur Armbeuge und zurück.

+ Massieren Sie sodann mit alternierendem Handballendruck die Innenseite des Arms vom Handgelenk bis zur Achsel und zurück. Der Druck wird auf das weiche Gewebe ausgeübt, nicht auf die Knochen!

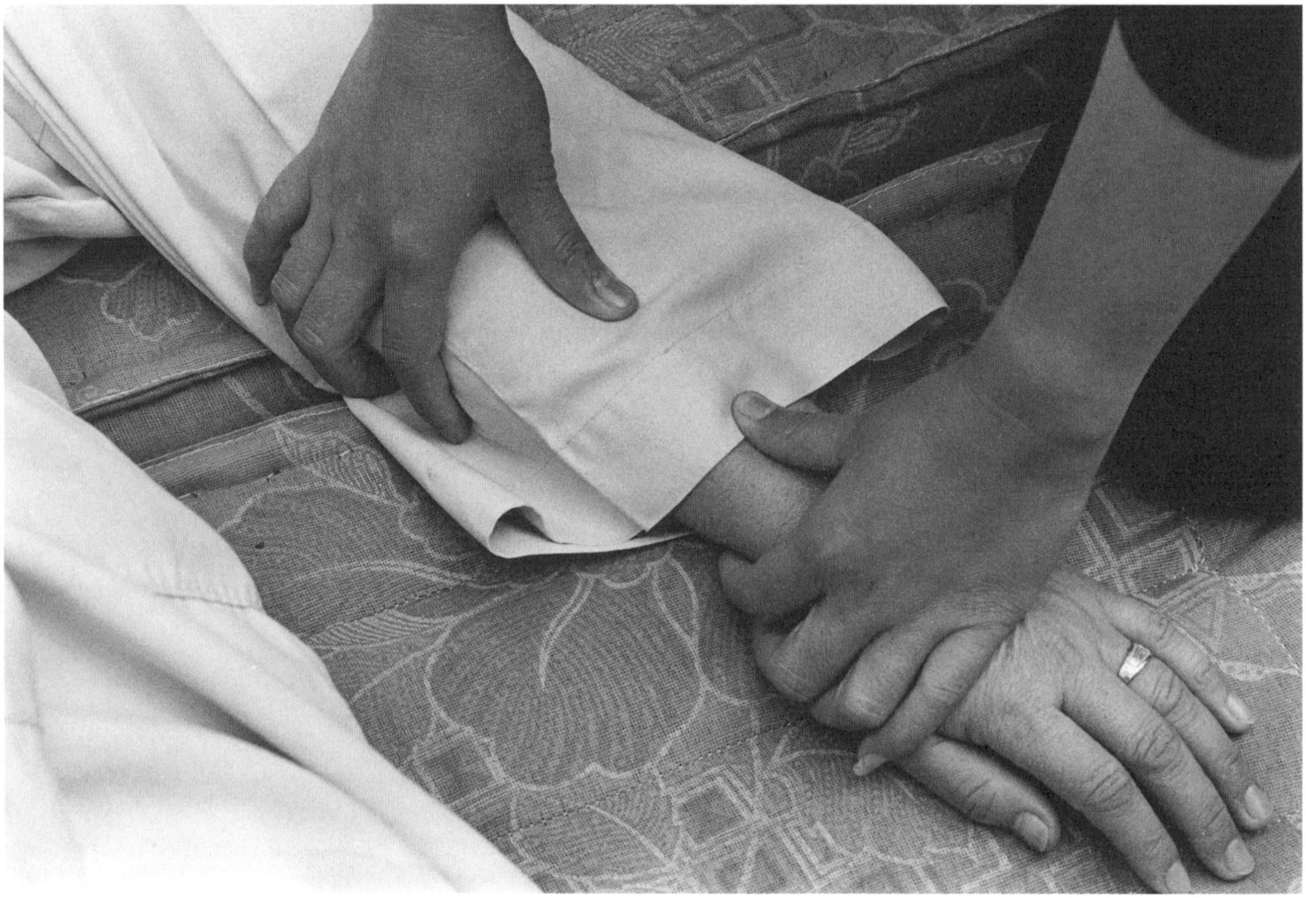

37

+ Massieren Sie mit Daumendruck die Außenseite des ausgestreckten Arms vom Handgelenk bis zum Ellbogen und zurück sowie mit Handballendruck die gesamte Armaußenseite vom Handgelenk bis zur Schulter und zurück.

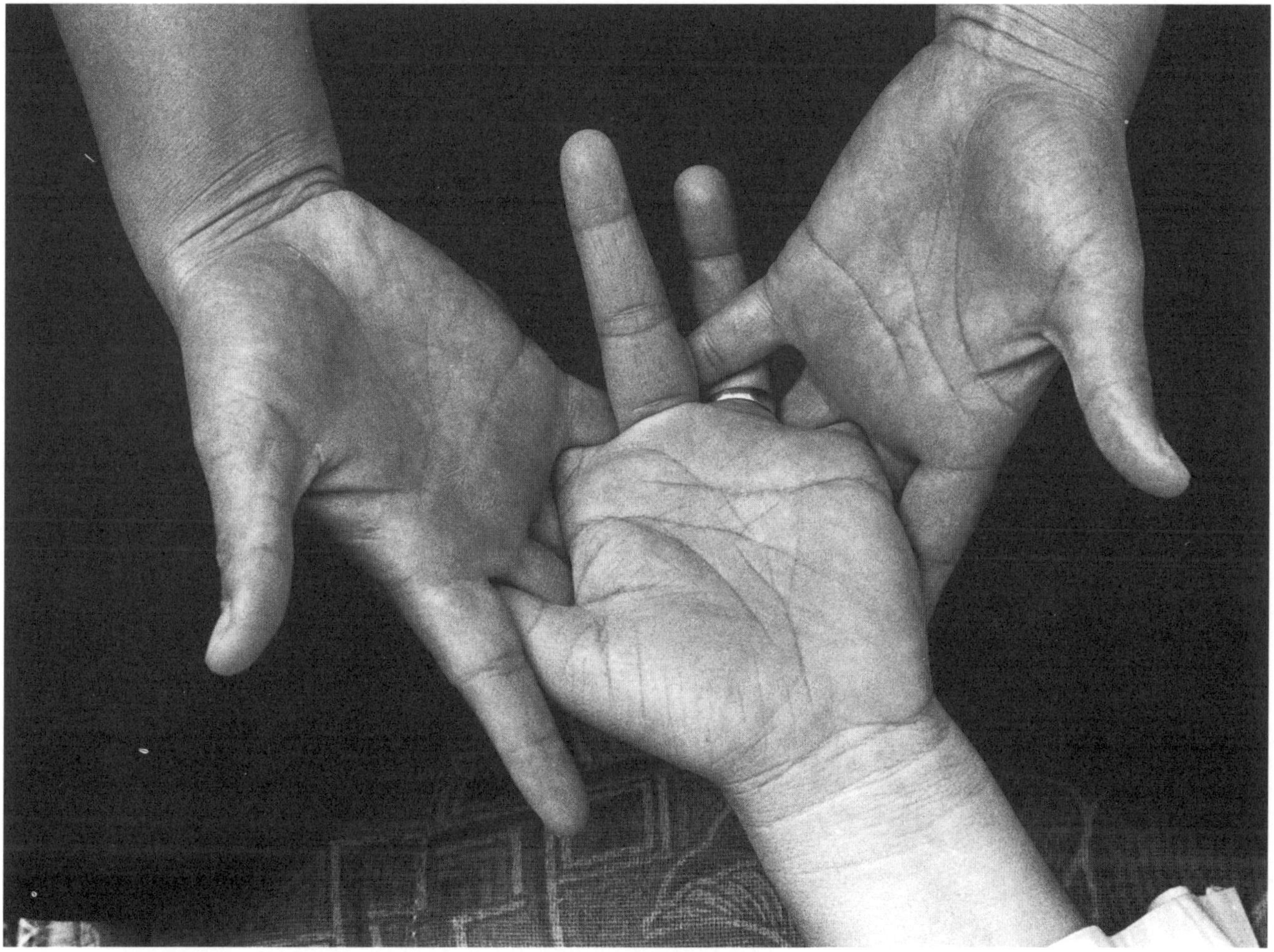

38 a

+ Verhaken Sie Ihre Finger mit der Hand des Partners: Sein Mittelfinger bleibt frei.

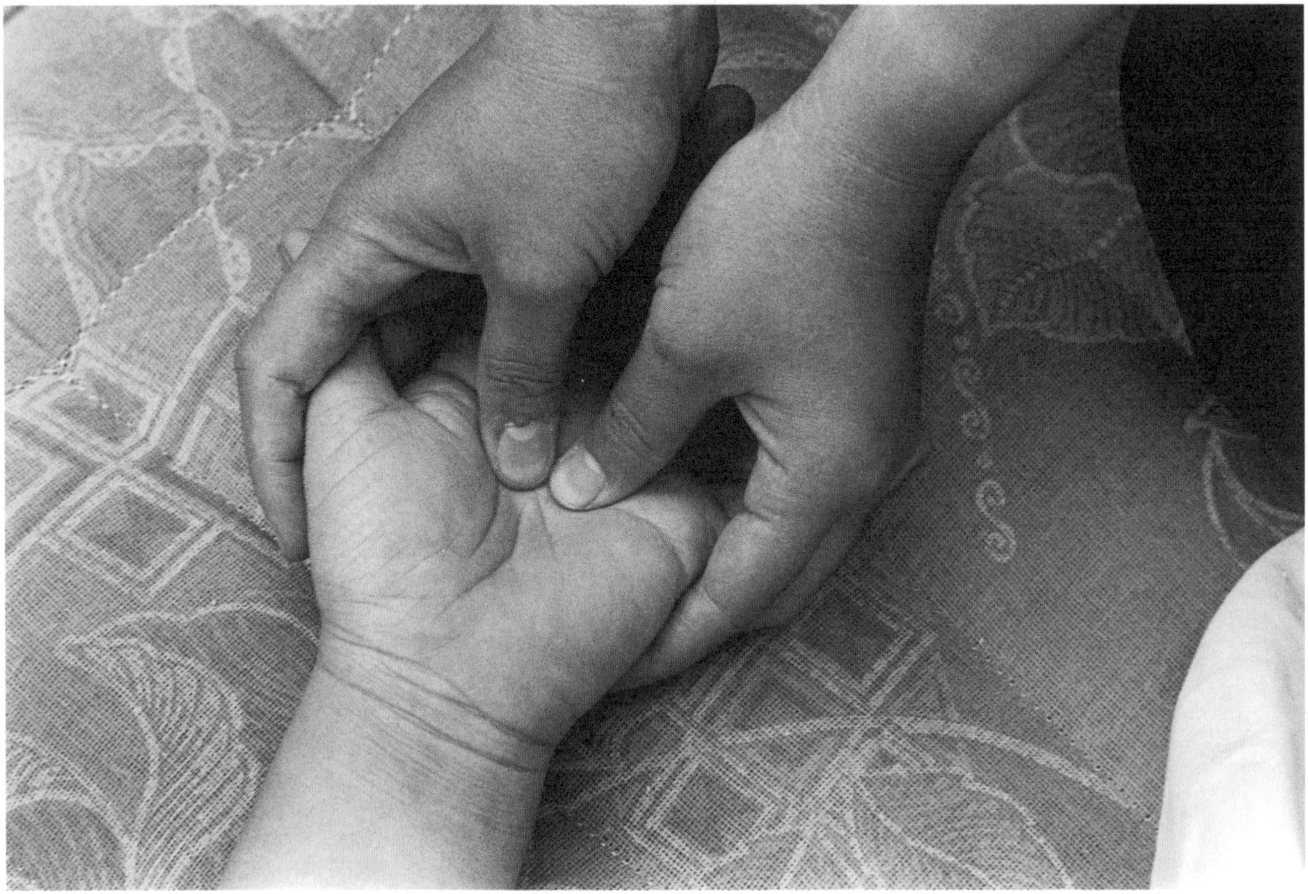

38 b
Aus der Position 38 a massieren Sie mit beiden Daumen die Handfläche des Partners.

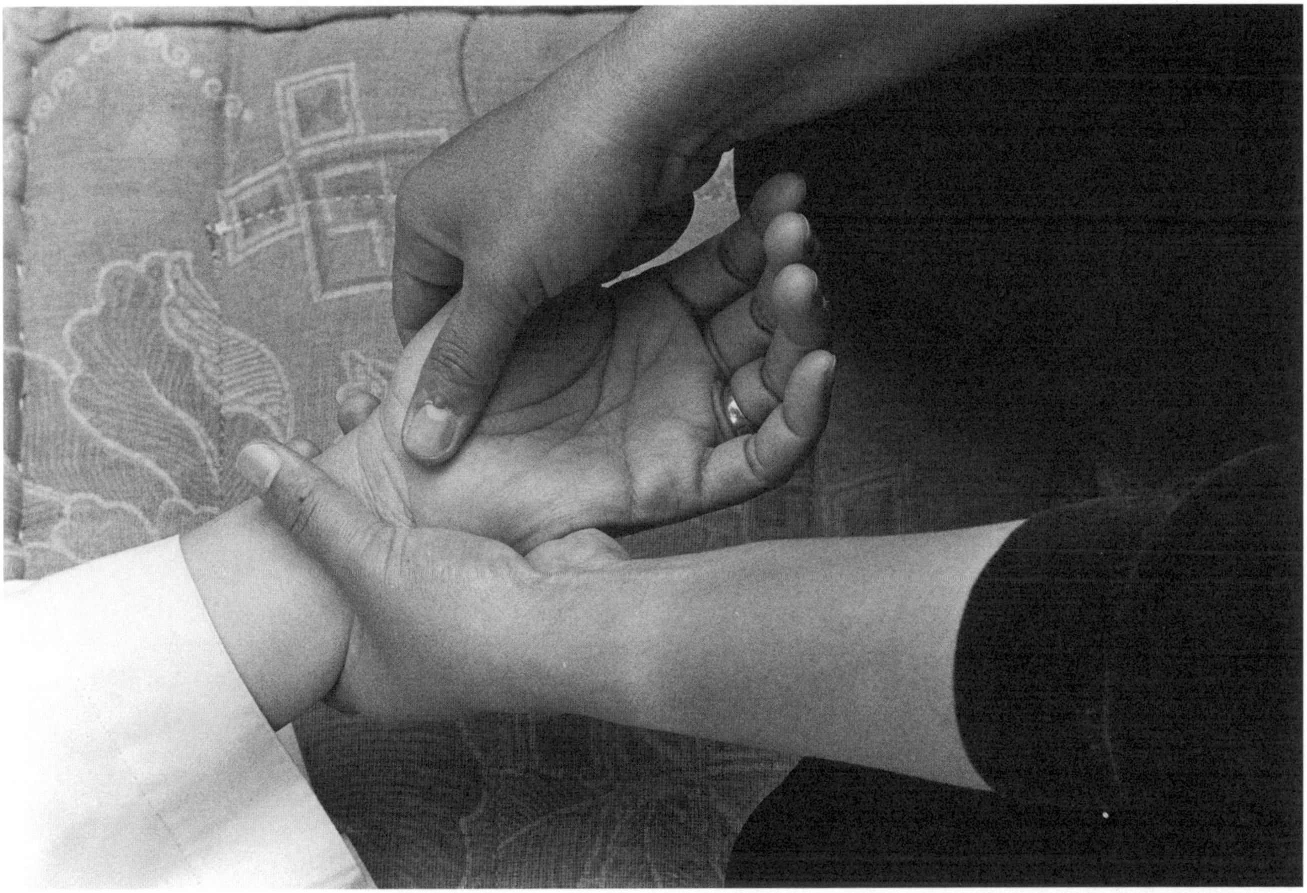

39 a

Die Handfläche des auf dem Rücken liegenden Partners zeigt nach oben. Sie halten seine Hand am Gelenk fest.

+ Streichen Sie mit dem Daumen Ihrer freien Hand über die Handinnenfläche, vom Handgelenk bis zum Fingeransatz ...

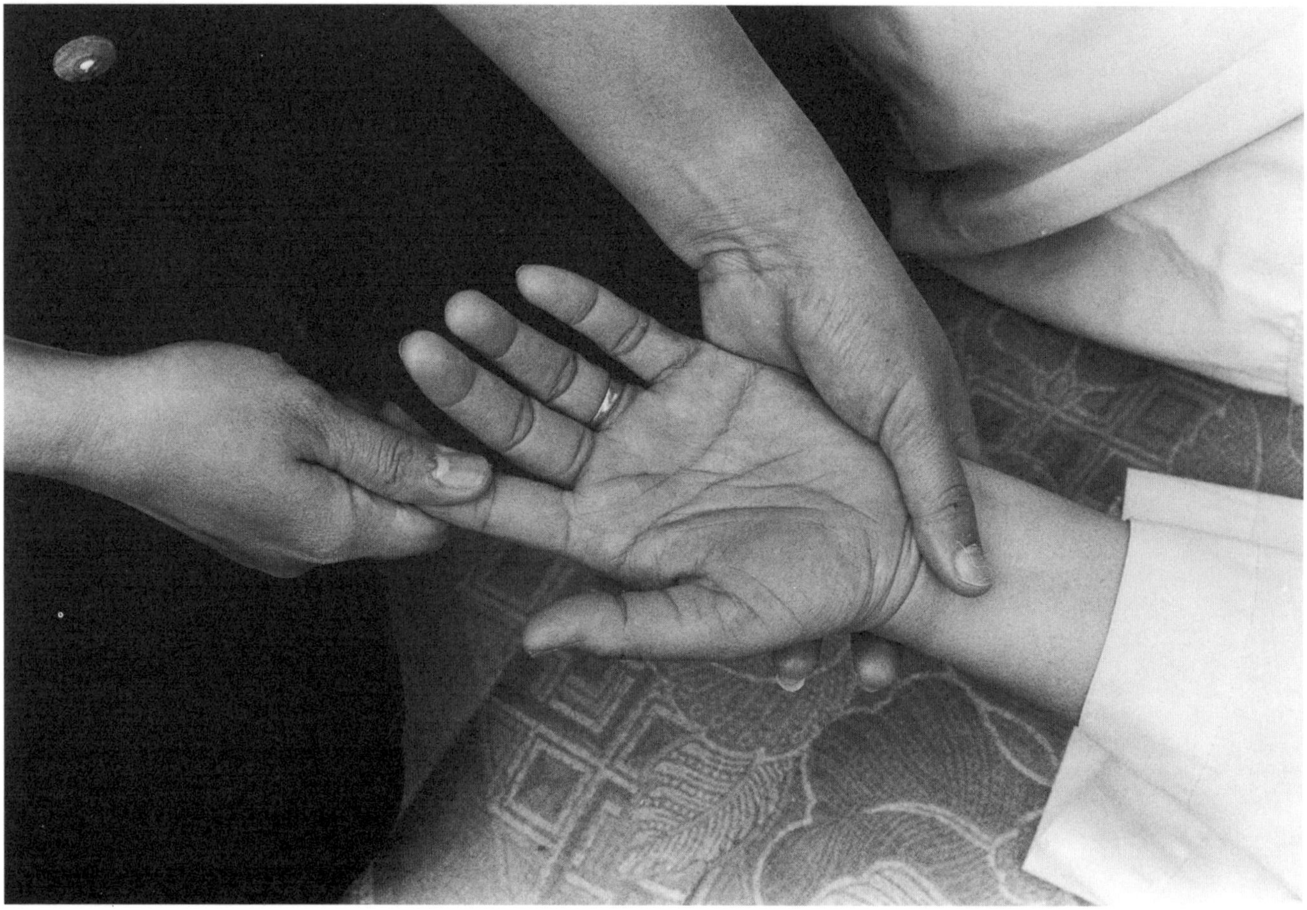

39 b
... und über die Innenfläche der Finger. Ihr Zeigefinger stützt jeweils die mit dem Daumen bearbeitete Zone von unten ab.

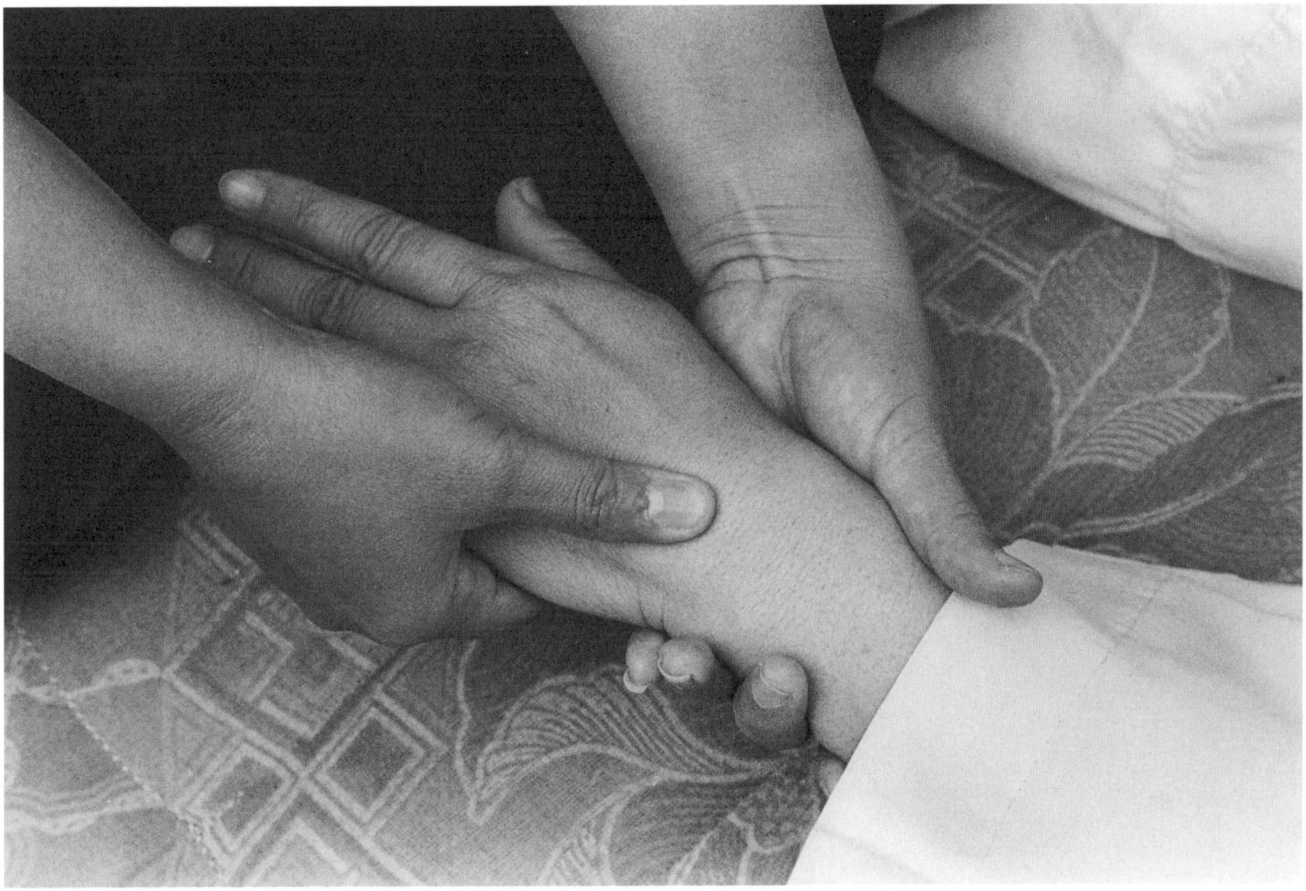

40
Sie drehen die Hand des Partners um, so daß der Handrücken nach oben zeigt.
+ Behandeln Sie mit Daumendruck den Handrücken und die Außenfläche der Finger.

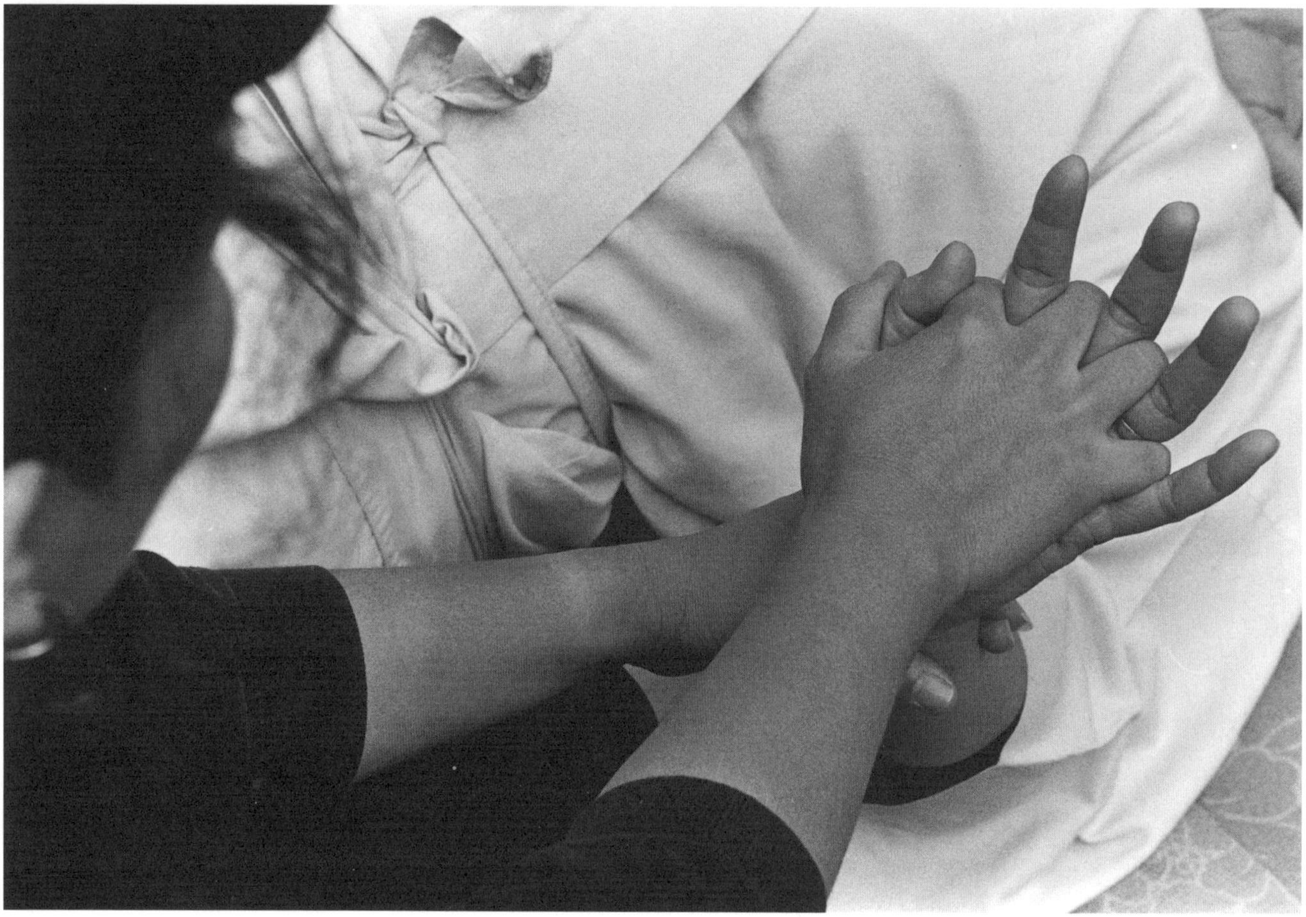

41

Sie halten den Unterarm des Partners fest. Ihre andere Hand verschränken Sie mit der Hand des Partners.

+ Rotieren Sie das Handgelenk des Klienten 5mal im und 5mal gegen den Uhrzeigersinn.

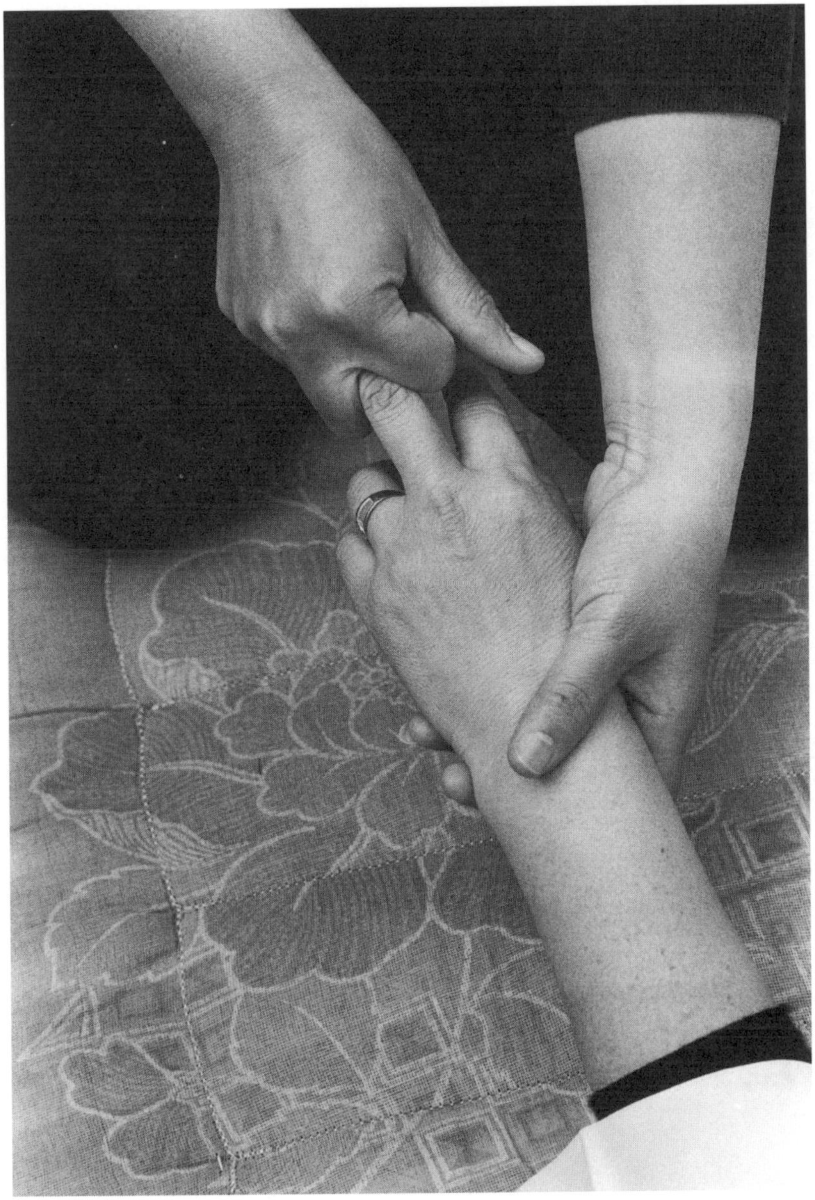

42
Sie nehmen nacheinander jeden Finger des Partners zwischen Ihren Zeigefinger und Ihren Mittelfinger.
+ Nachdem Sie den Finger durch Rotation im und gegen den Uhrzeigersinn gelockert haben, ziehen Sie mit sanftem, aber sicherem Ruck (nicht zerren!). In der Regel knackt es, das ist aber kein Muß.

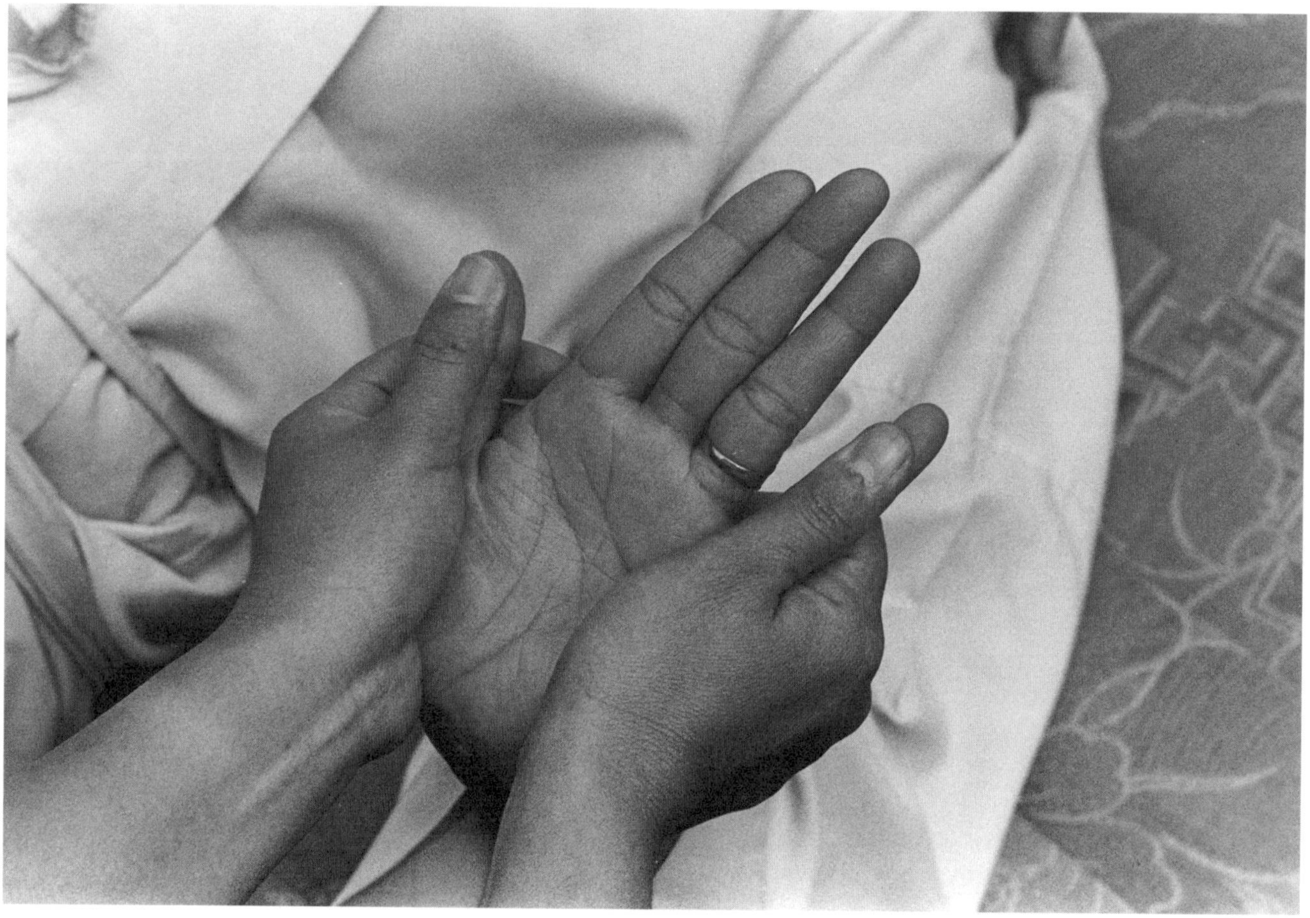

43 a

+ Drücken Sie mit Ihren Daumen die Finger des Partners zurück, einzeln oder in Kombination. 3mal. Die Rückseite der zurückgebogenen Finger stützen Sie jeweils an den Gelenken mit Ihren Fingern. Siehe auch 43 b.

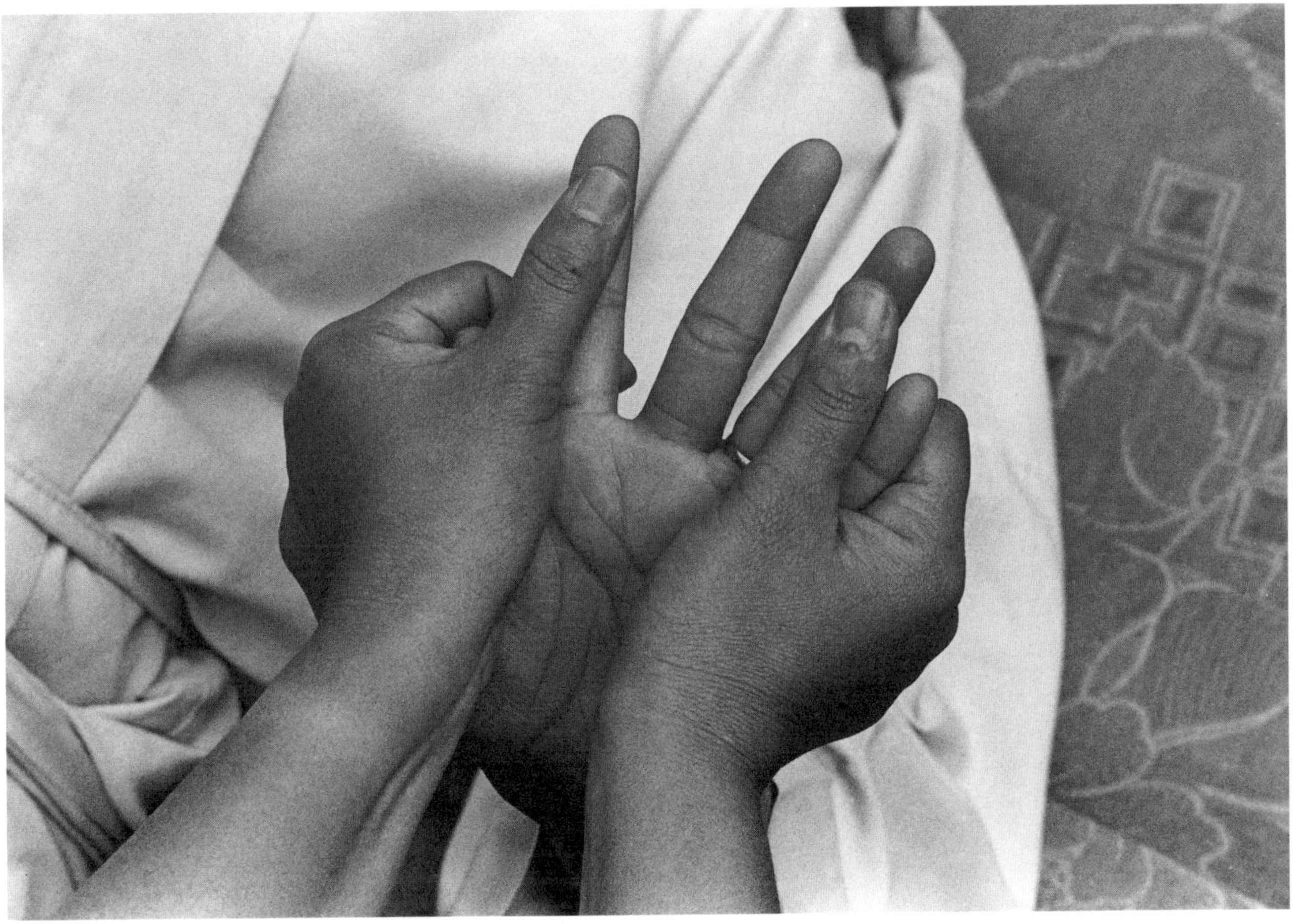

43 b
Erklärung 43 a.

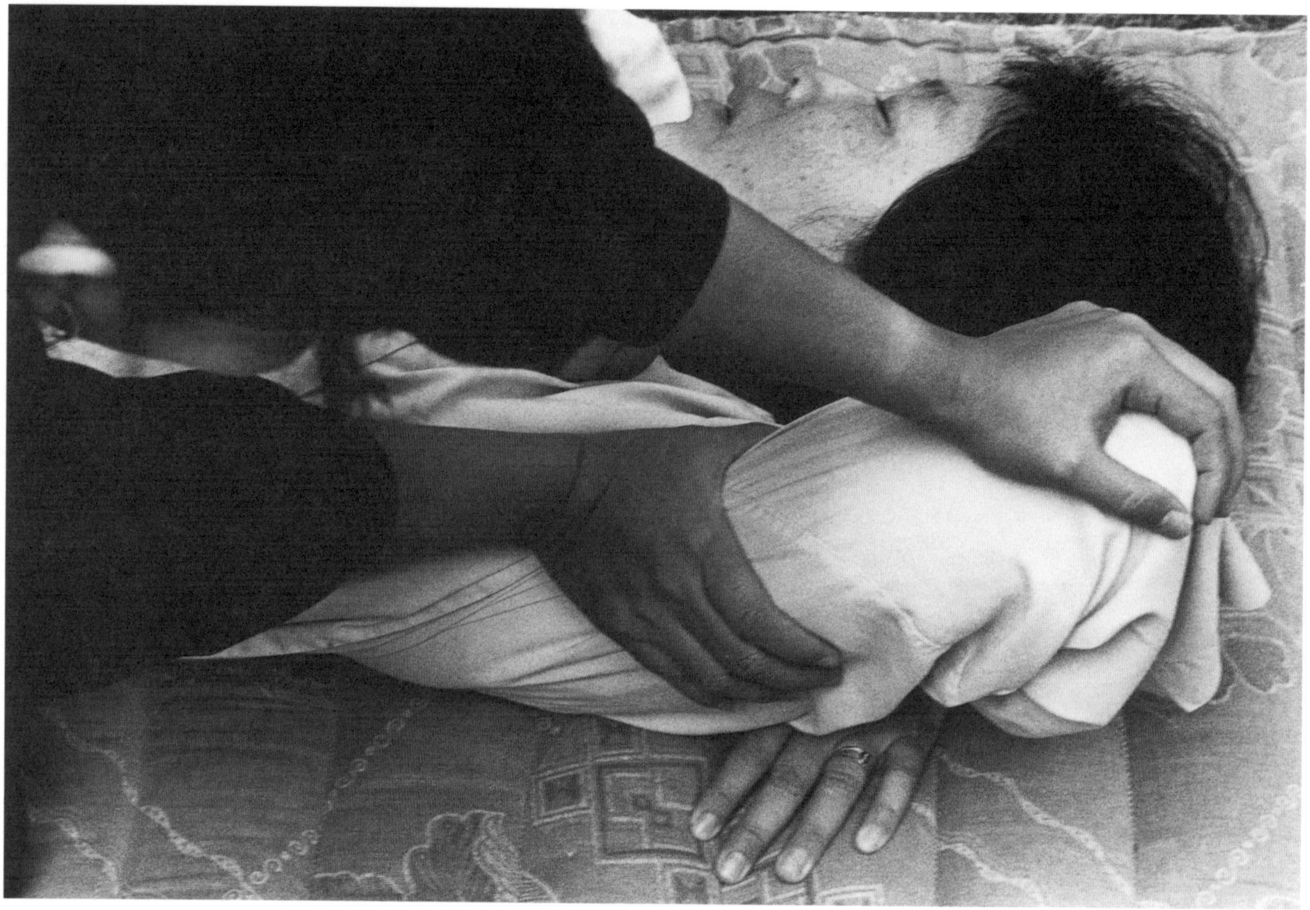

44

Sie plazieren die Handfläche des auf dem Rücken liegenden Partners neben dessen Kopf: Seine Finger zeigen nach außen, sein Ellbogen nach oben. Sie legen eine Hand auf seinen Ellbogen, mit der anderen umgreifen Sie seinen Oberarm.
+ Drücken Sie den Ellbogen des Partners behutsam nach unten und „kneten" Sie mit der anderen Hand den Oberarm vom Ellbogen bis zur Achsel und zurück.

↬ Während sich der Klient noch in Rückenlage befindet, knien Sie sich zum Abschluß der Sequenz 1 hinter seinen Kopf, um mit den Fingerspitzen sein Gesicht zu massieren (Linien s. Abb. 9, S. 88). Außerdem: Ziehen Sie sanft an seinen Ohrläppchen.

2. Seitenlage

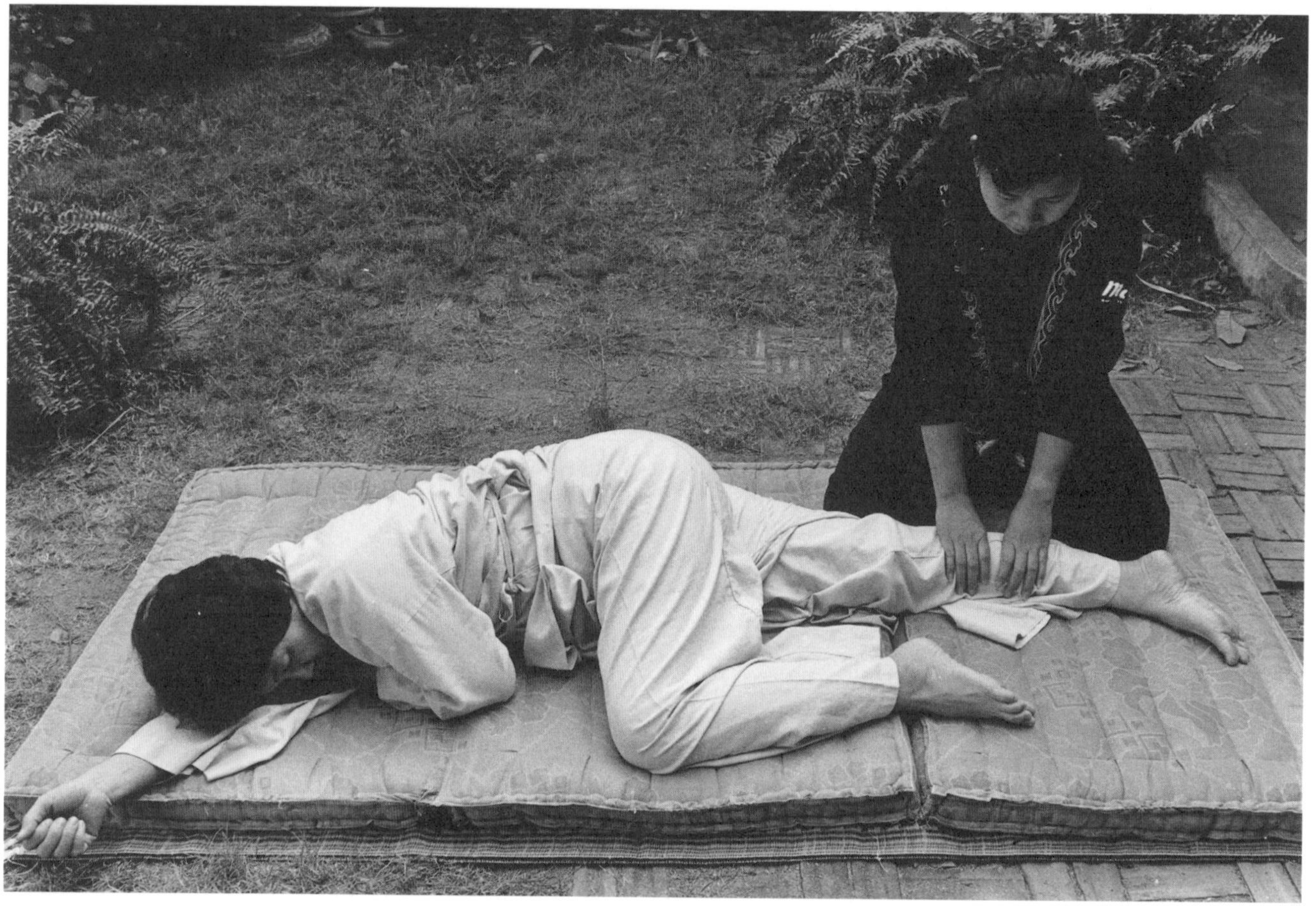

45

Seitenlage, oberes Bein angewinkelt (damit der Körper nicht rollt).

+ Behandeln Sie (mit Daumen, Handballen und Fingern) die Innenseite des gestreckten Beins, vom Fußknöchel bis zum Knie (Knie auslassen) und vom Knie bis zum Becken. Hin und retour.

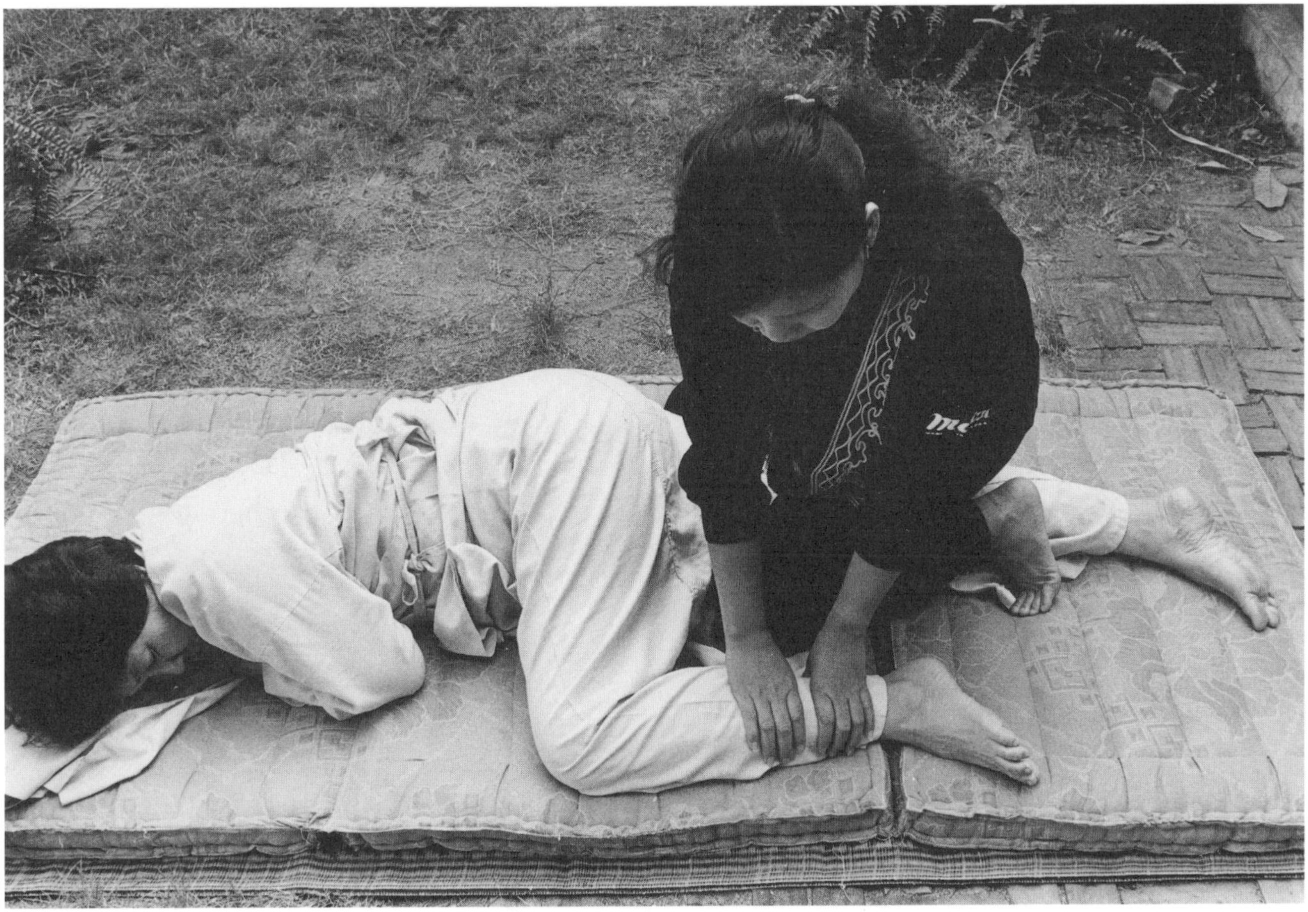

46
+ Setzen Sie die Massage an der Außenseite des angewinkelten Beins fort. Zuerst von den Knöcheln bis zum Knie und zurück, dann vom Knie bis zur Hüfte und zurück.

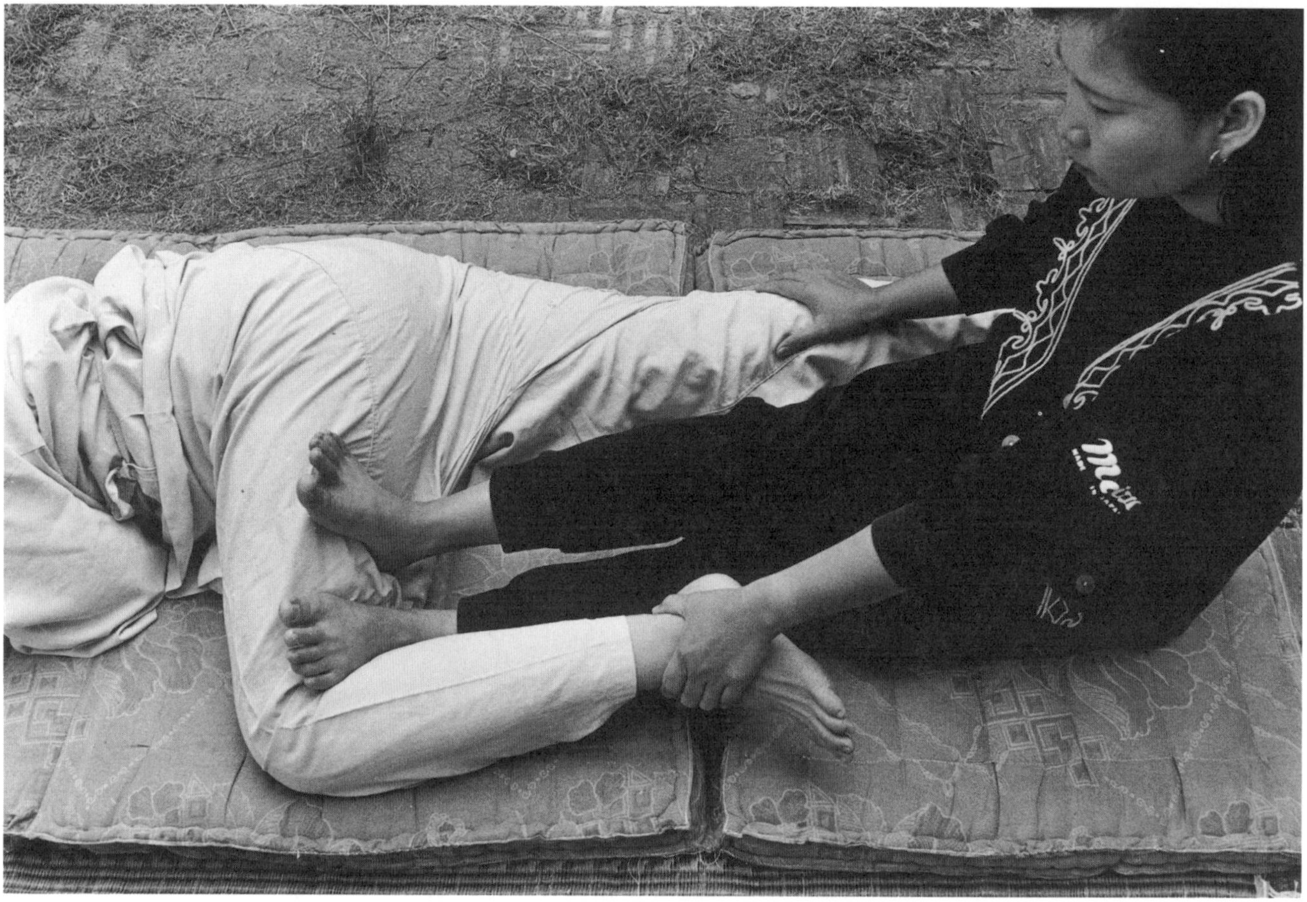

47

Seitenlage, oberes Bein angewinkelt. Sie sitzen zwischen den Beinen des Partners: Eine Hand hält das abgebogene Bein am Knöchel fest, die andere ruht in der Kniekehle des gestreckten Beins. Ihre Füße setzen Sie auf die Rückseite des Oberschenkels.
+ Strecken Sie jetzt Ihre Beine ganz aus und drücken Sie Ihre Fußsohlen gegen die Rückseite des Oberschenkels. Wandern Sie mit ihren pressenden Füßen zwischen Knie und Hinterbacke auf und ab.

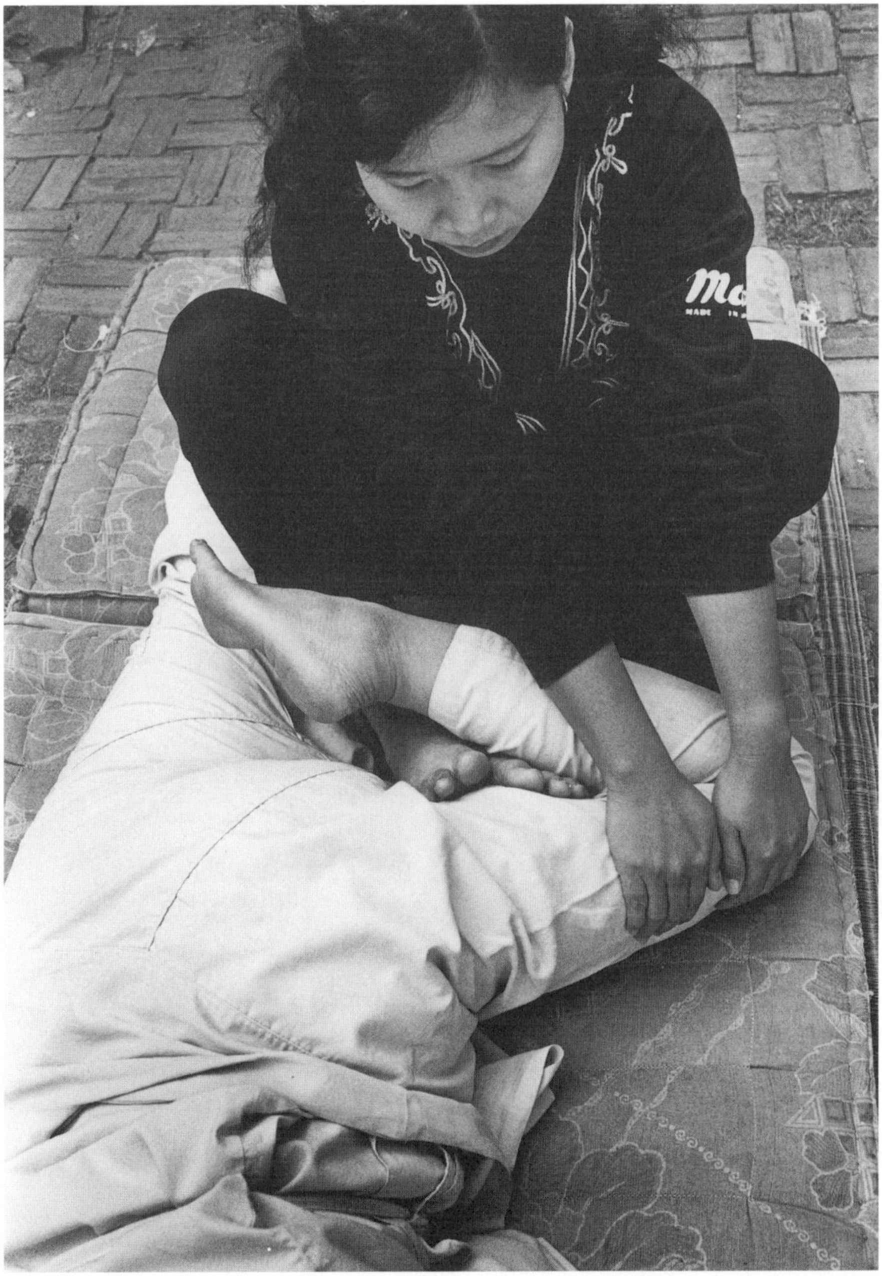

48
Sie greifen über das angewinkelte Bein des Partners in Seitenlage.
+ Massieren Sie mit beiden Händen seinen Oberschenkel, mit Ihren Fußsohlen einen Gegendruck erzeugend.

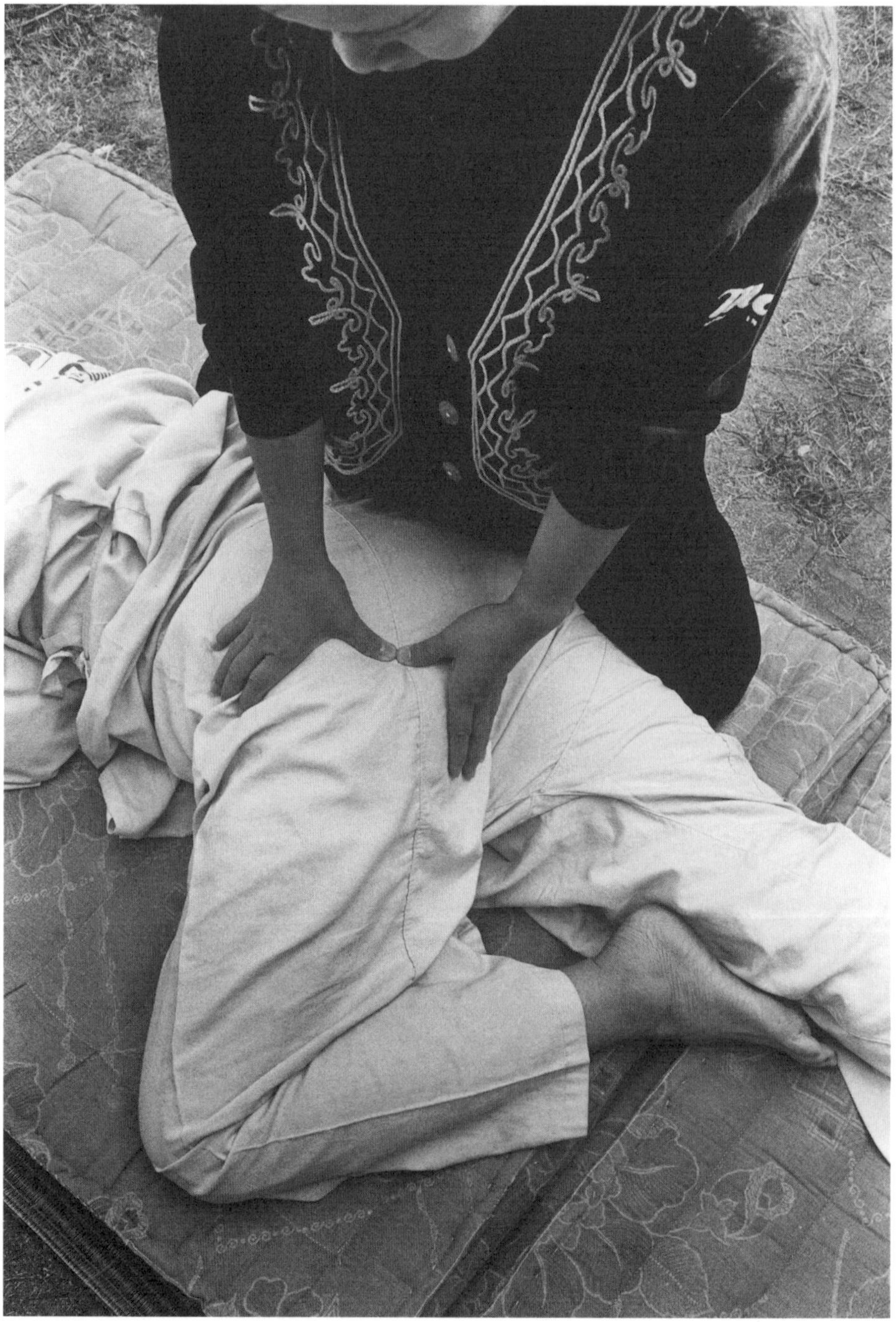

49
+ Gesäß- und Hüftmassage in der Seitenlage: mit dicht beieinander liegenden Daumen.

50

Sie greifen unter dem Oberarm des Partners in Seitenlage durch und umfassen dessen Schulter mit verschränkten Händen.

+ Lehnen Sie sich zurück – die Schulter mitziehend, ohne daß aber der Partner den Kopf anhebt.

+ Ihr Unterarm (nicht der Ellbogen) massiert gleichzeitig Taille und Brustkorb des Partners.

51

Mit einem Bein kniend, heben Sie den Arm des Partners über dessen Kopf. Ihr erhobenes Knie stützt seinen gestreckten Arm.

+ Streichen Sie mit dem Handballen von der Hüfte über den Brustkorb bis zur Achsel und zurück.

+ Jedesmal, wenn Sie auf die Rippen einen Druck ausüben, schieben Sie den Arm des Partners zu dessen Kopf hin. Die Übung öffnet die Schulter(blockade).

52

Sie knien vor dem nach hinten ausgestreckten Arm des Partners. Der Arm ruht auf Ihrem Knie. Mit Ihrer Außenhand halten Sie seinen Arm am Knöchel, um den gestreckten Arm zu fixieren.
+ Bearbeiten Sie mit Ihrer Innenhand den gesamtem Arm (an der Schulter beginnend), ohne die Knochen direkt zu pressen.

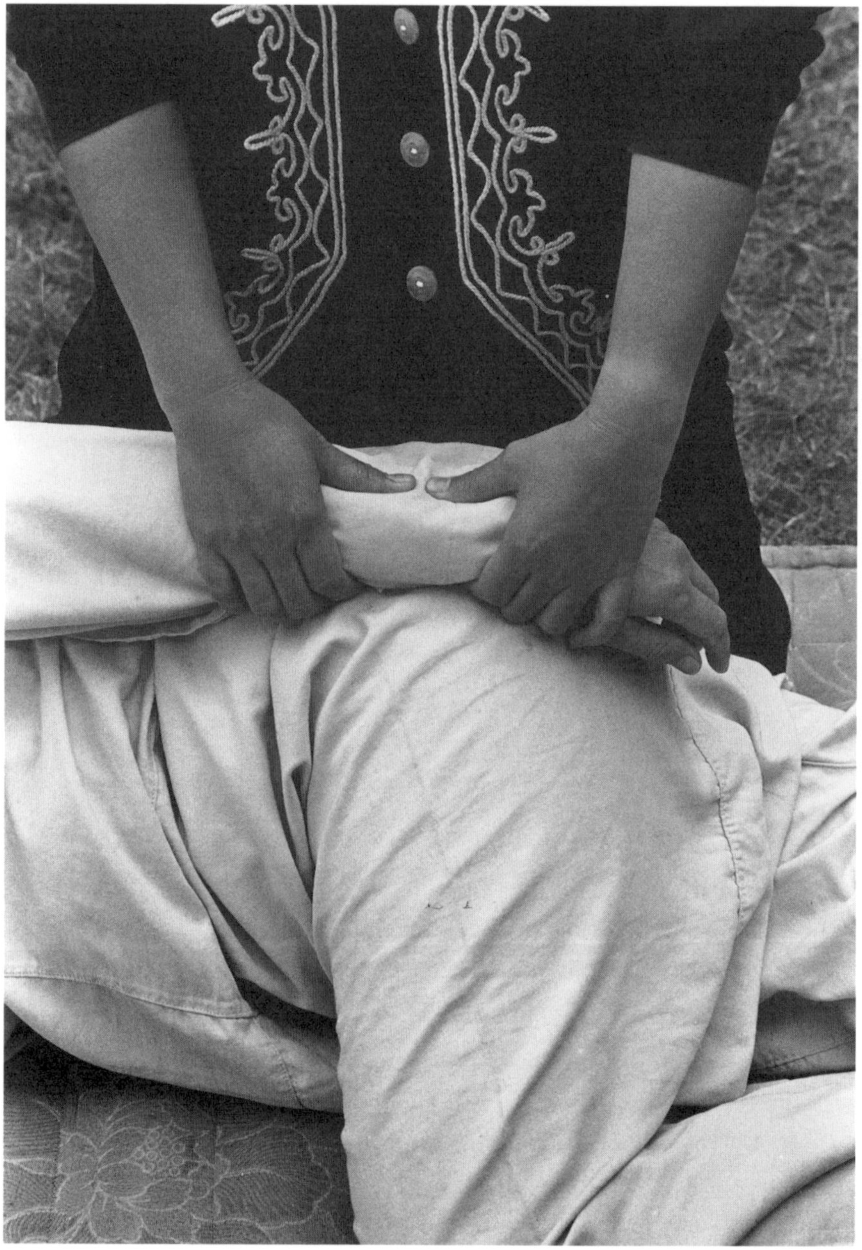

53
Sie legen den gestreckten Arm des Partners auf seine Flanke.
+ Massieren Sie mit Daumendruck die gesamte Armlänge aufwärts und abwärts.

↳ Wiederholen Sie – diesmal in der Seitenlage des Klienten – die Positionen 38 bis 43.

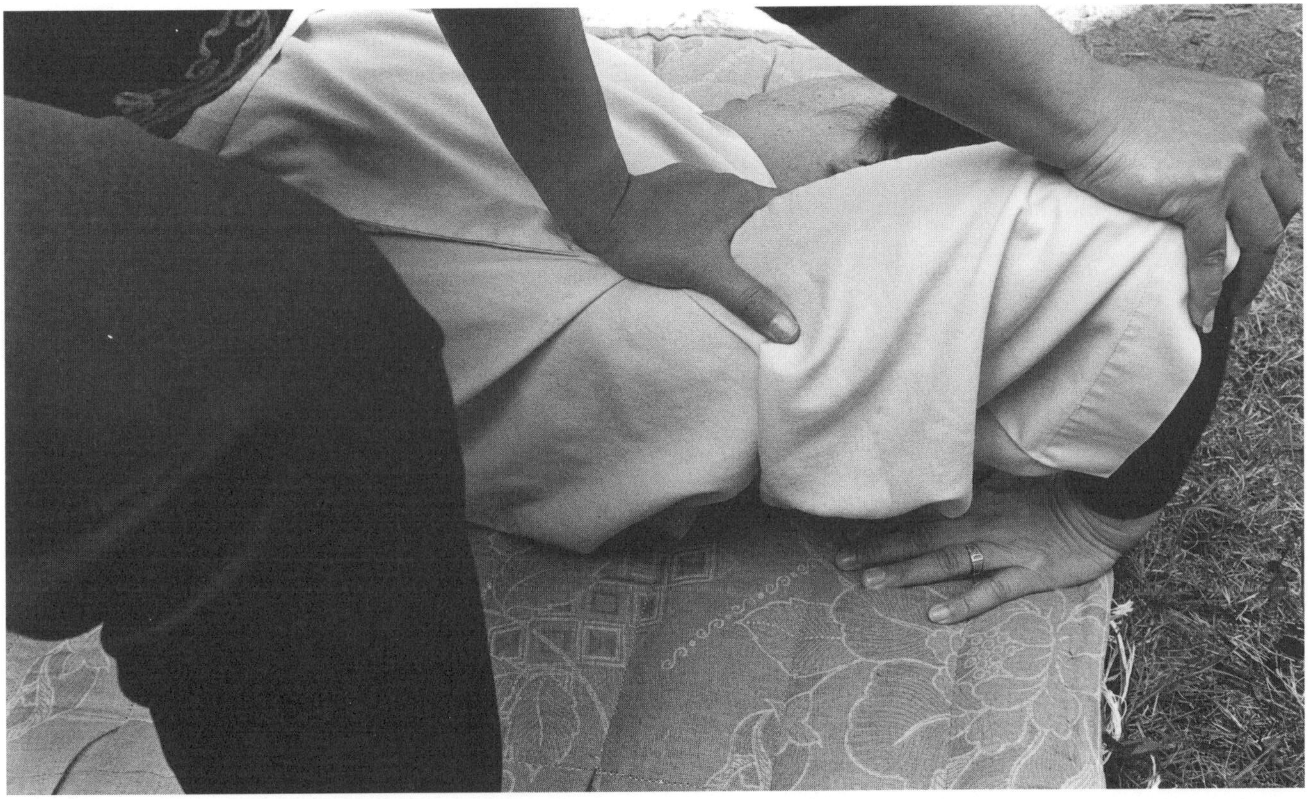

54
Sie beugen den Arm des auf der Seite liegenden Partners zurück, bis seine Handfläche neben dem Ohr den Boden berührt.
+ Während Sie mit der einen Hand den Ellbogen des Partners niederdrücken, pressen Sie mit der anderen das weiche Gewebe des Oberarms.

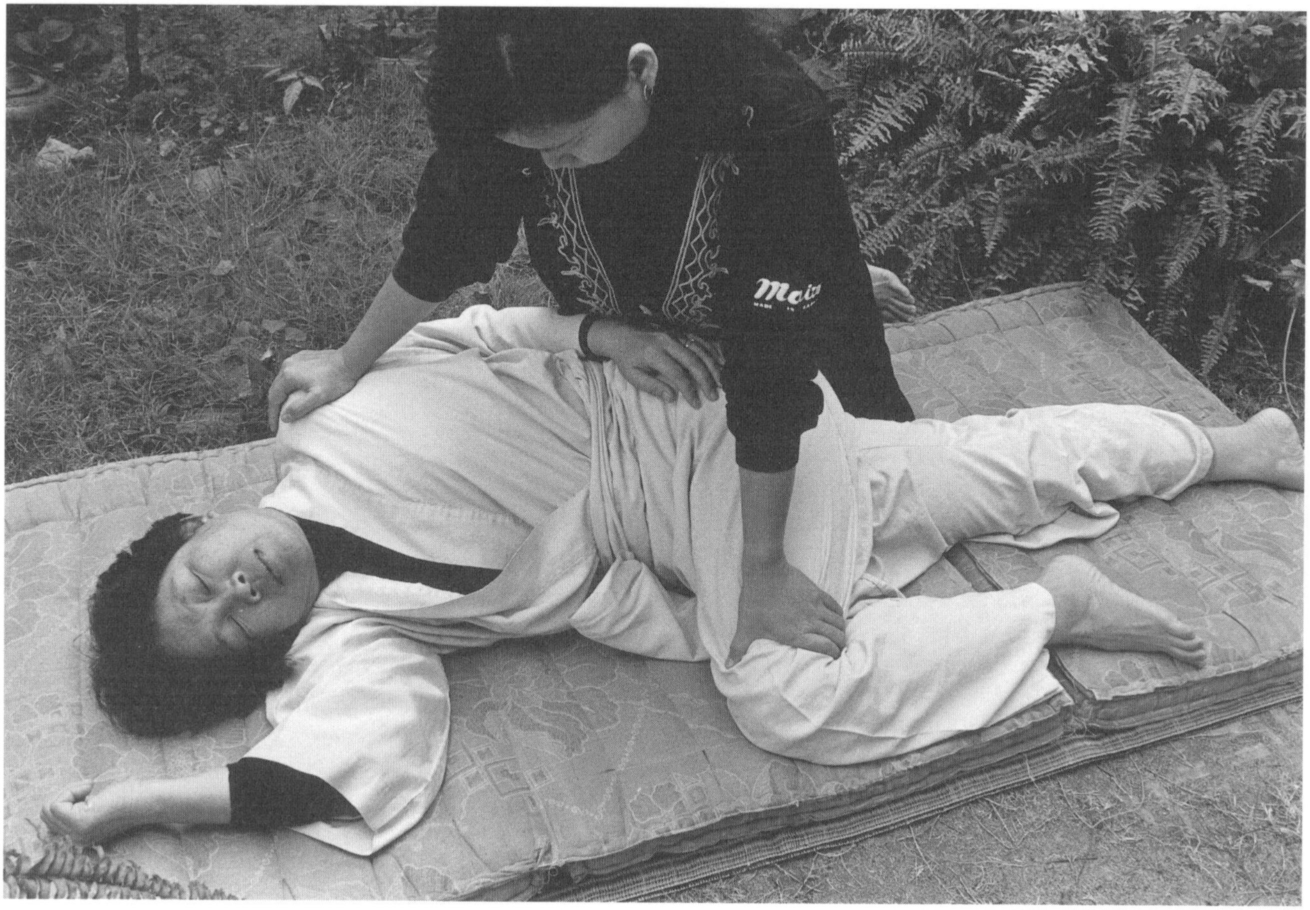

55

Sie knien hinter dem auf der Seite liegenden Partner und plazieren eine Hand auf seiner Schulter und die andere auf seinem abgebogenen Knie.
+ Drücken Sie langsam die Schulter hinunter, während Sie den Oberschenkel massieren.

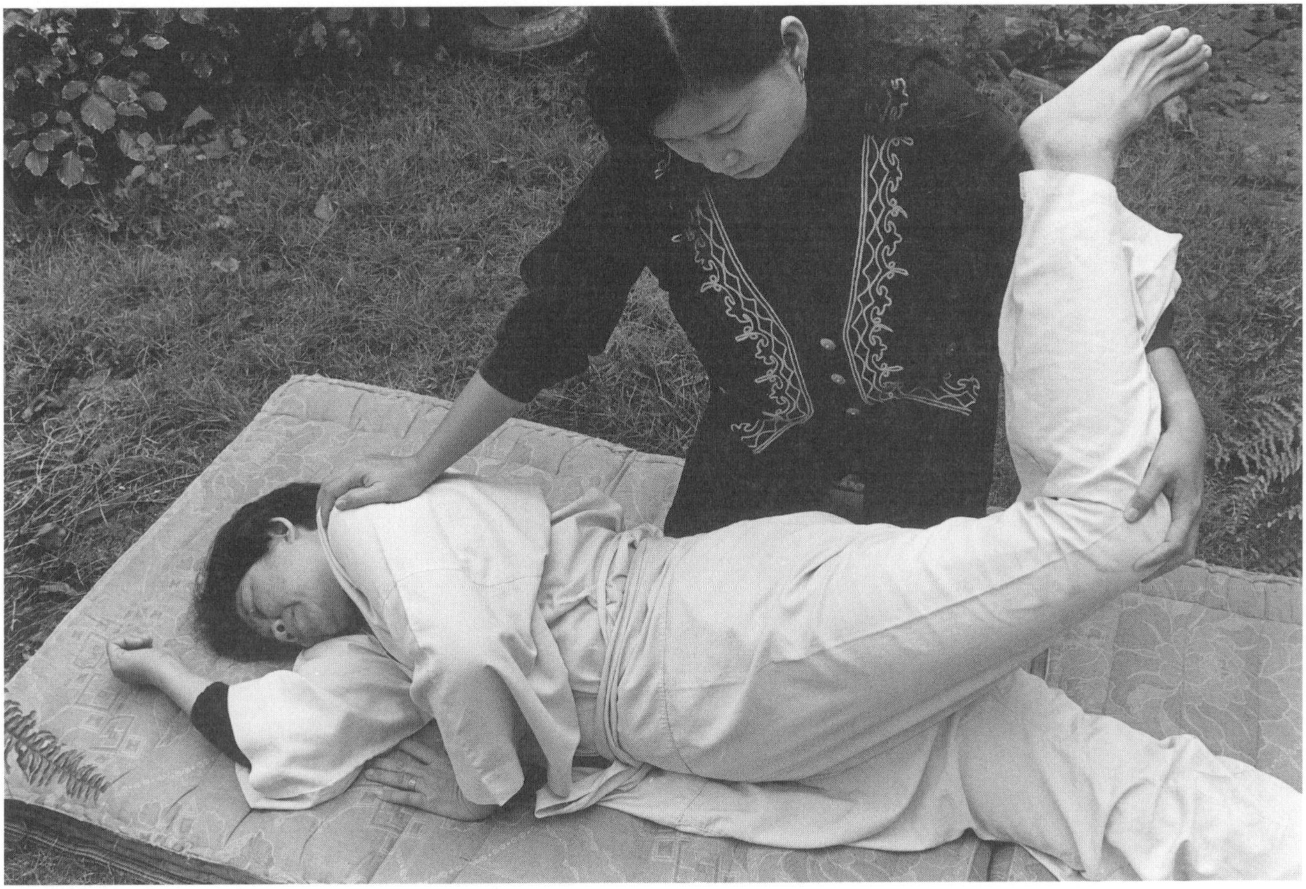

56
Eine Hand fixiert die Schulter, die andere hebt das obenliegende abgebogene Bein des Partners am Knie hoch.
+ Lehnen Sie sich langsam zurück, einerseits die Schulter hinunterdrückend, anderseits das Knie (vorsichtig) mitziehend, so daß der Körper von der Schulter bis zum Knie gestreckt wird.

57
Sie umfassen den obenliegenden Arm am Handgelenk und das untenliegende Bein am Fußgelenk. Ihren Fuß plazieren Sie auf der Hüfte, um sie zu stabilisieren.
+ Während Sie den Arm nur festhalten, ziehen Sie das Bein leicht rückwärts und aufwärts. 3mal. Der Rückgrat-Twist ist eine treffliche Dehn- und Streckübung für Rücken und Bein.

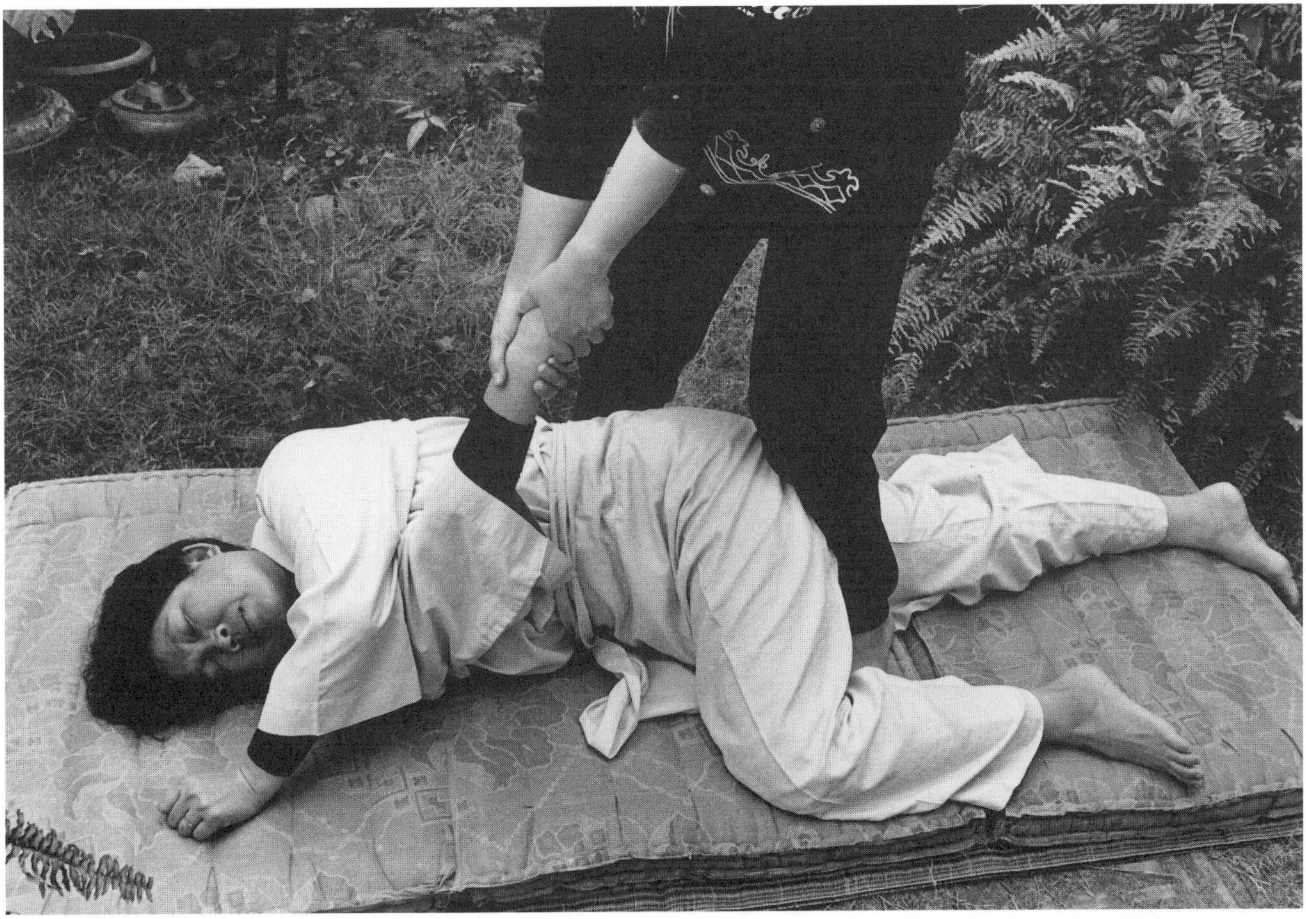

58
Sie fixieren das abgewinkelte Bein des Partners in Seitenlage mit Ihrem Schienbein und umfassen mit beiden Händen das Handgelenk des untenliegenden Arms. Der obenliegende Arm fällt locker zu Boden.
+ Ziehen Sie aufwärts und rückwärts, daß sich der Oberkörper des Partners hebt. 3mal anheben und senken.

3. Bauchlage

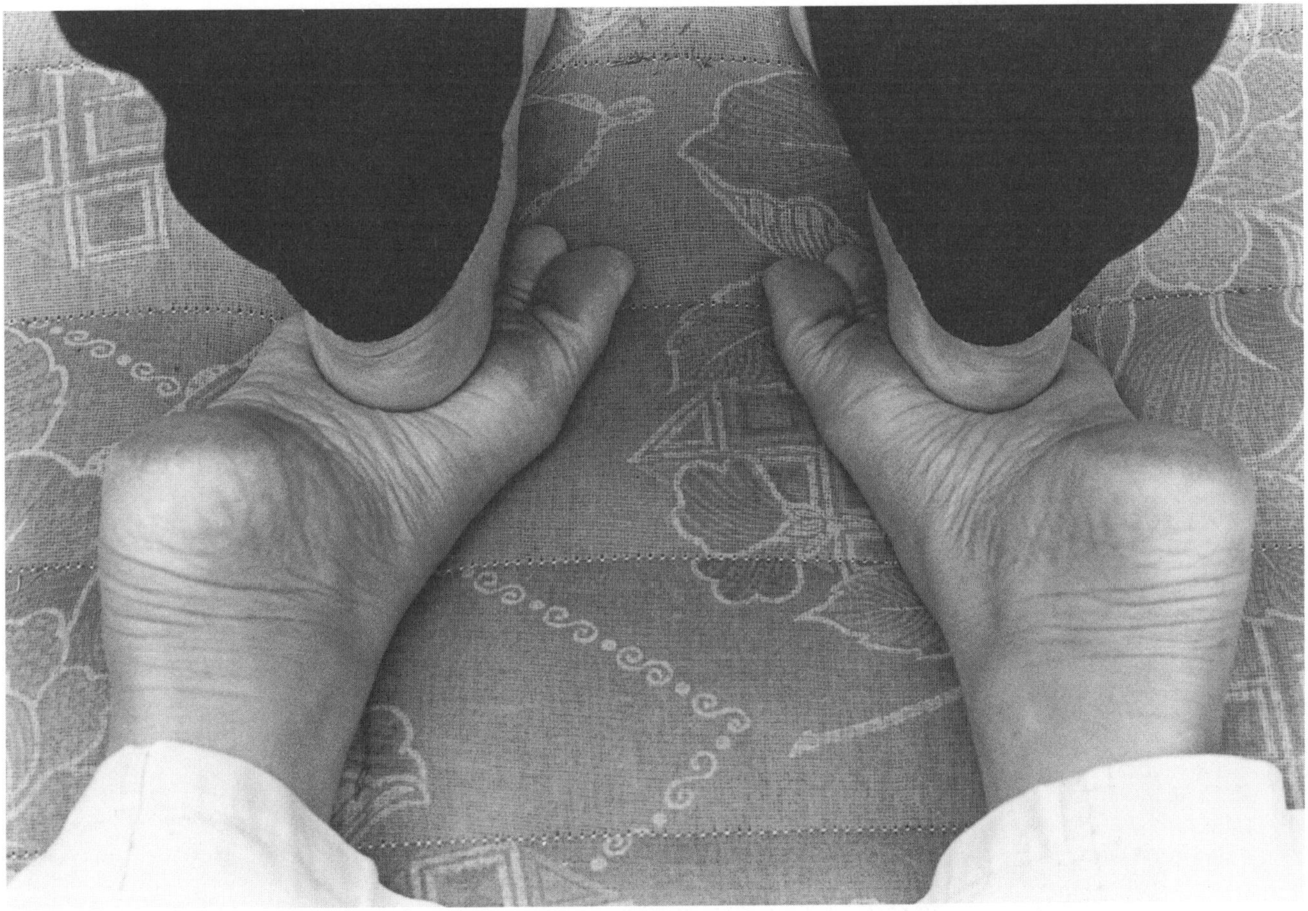

59
Sie stehen mit abwärts gewandtem Gesicht auf der Fußsohle des Partners in Bauchlage.
+ Wandern Sie (mit den Fersen Druck ausübend) auf seinen Fußsohlen (Fersen aussparen) herum.

60
Mit einem Bein kniend, plazieren Sie auf dem Oberschenkel Ihres erhobenen Beins den Fußrücken des Partners.
+ Pressen Sie mit dem Ellbogen die Fußsohle, 3mal.

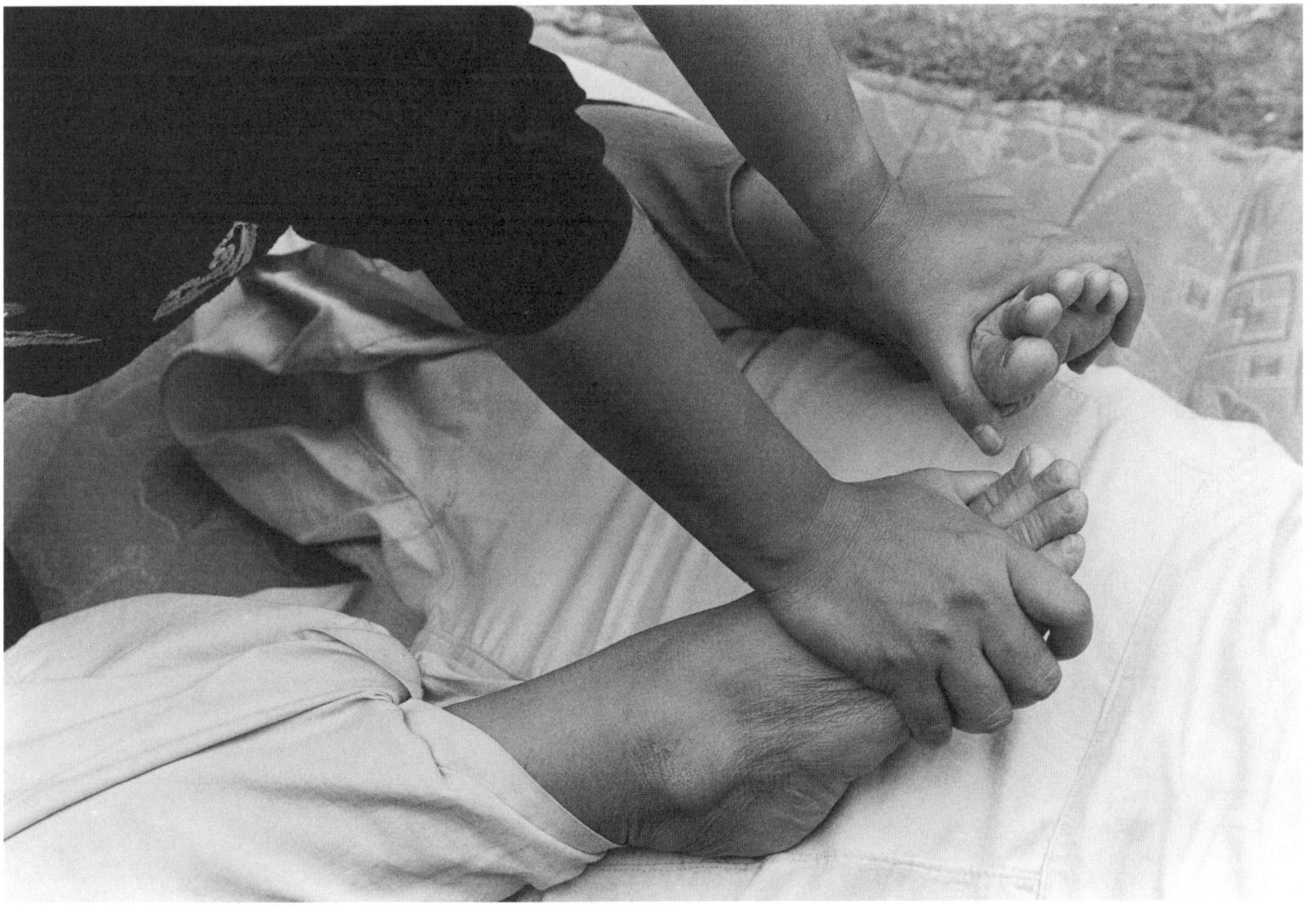

61

+ Drücken Sie die Füße des auf dem Bauch liegenden Partners auf dessen Hinterbacken. 3mal.

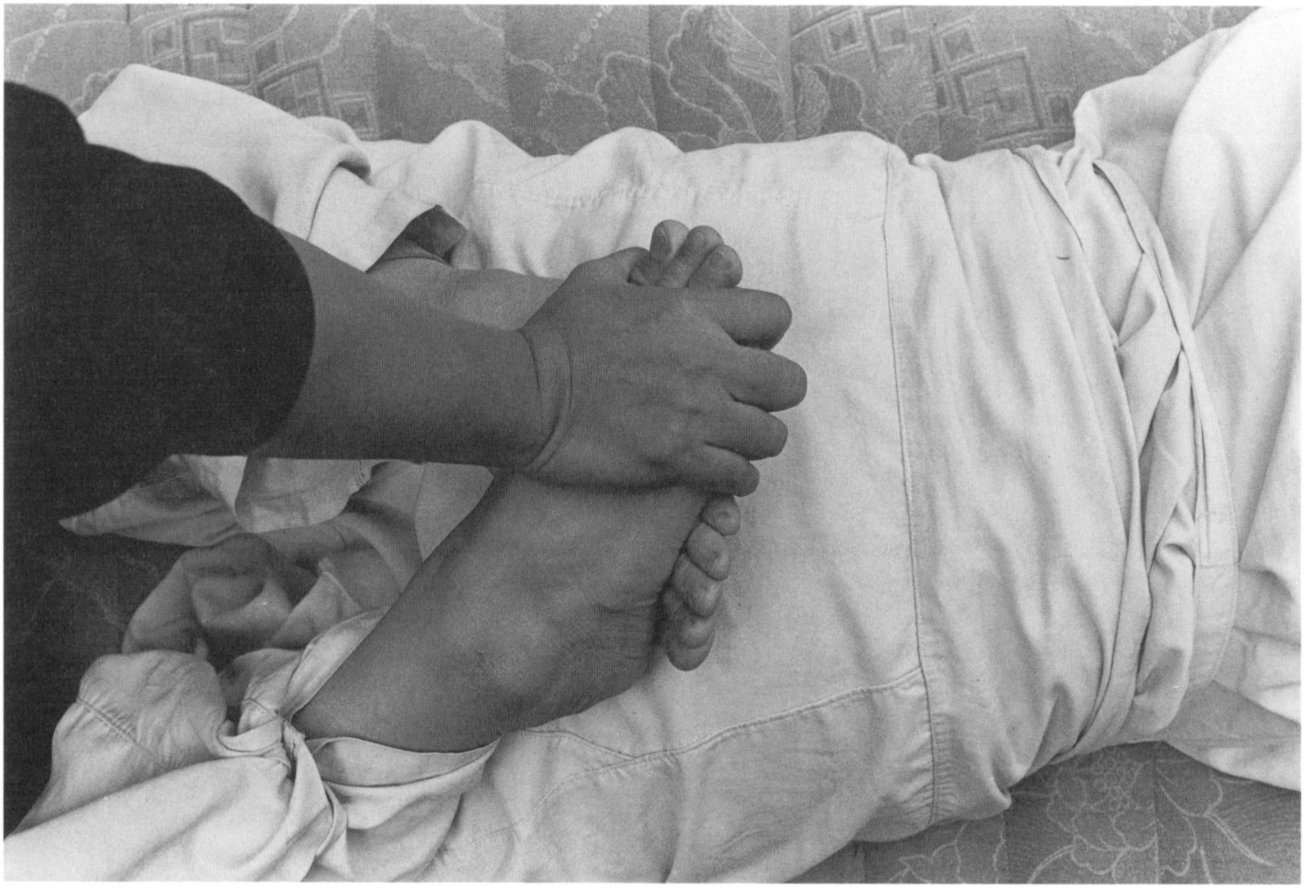

62

Nachdem Sie die angewinkelten Beine des auf dem Bauch liegenden Partners leicht geöffnet haben, überkreuzen Sie dessen Füße.

+ Drücken Sie die übereinander gelegten Füße auf das Hinterteil. Ca. 10 Sekunden. 3mal: weich, hart, weich.

+ Mit umgekehrter Fußkreuzung ebenfalls 3mal.

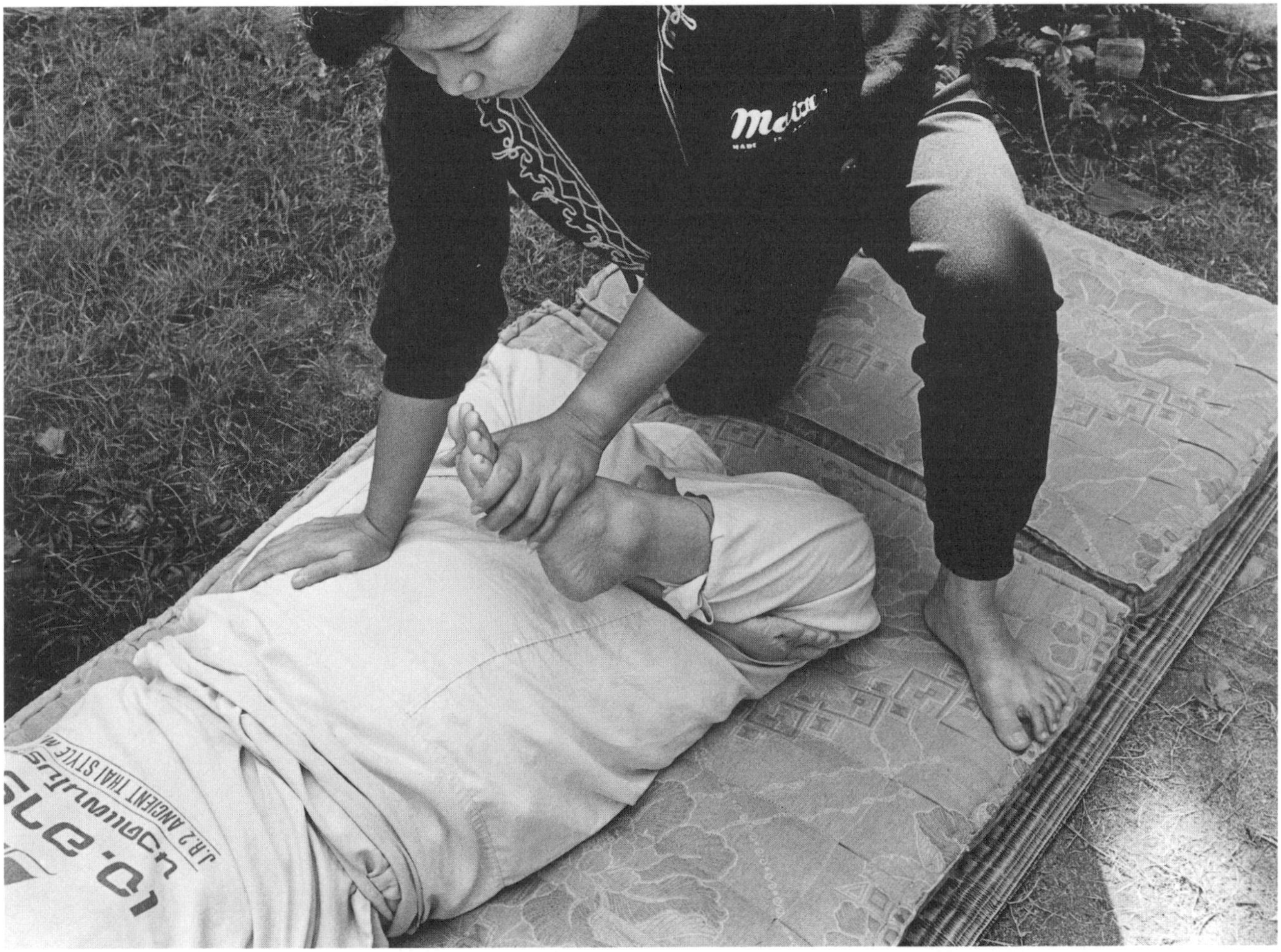

63

Sie winkeln ein Bein des auf dem Bauch liegenden Partners nach innen und das andere nach oben ab. Der Fußrist des einen Beins liegt in der Kniekehle des anderen.

+ Während Sie das aufwärts gerichtete Bein an das Gesäß drücken, massieren Sie das einwärts gerichtete Bein durch Handballendruck von der Hinterbacke abwärts bis zum Knie und zurück.

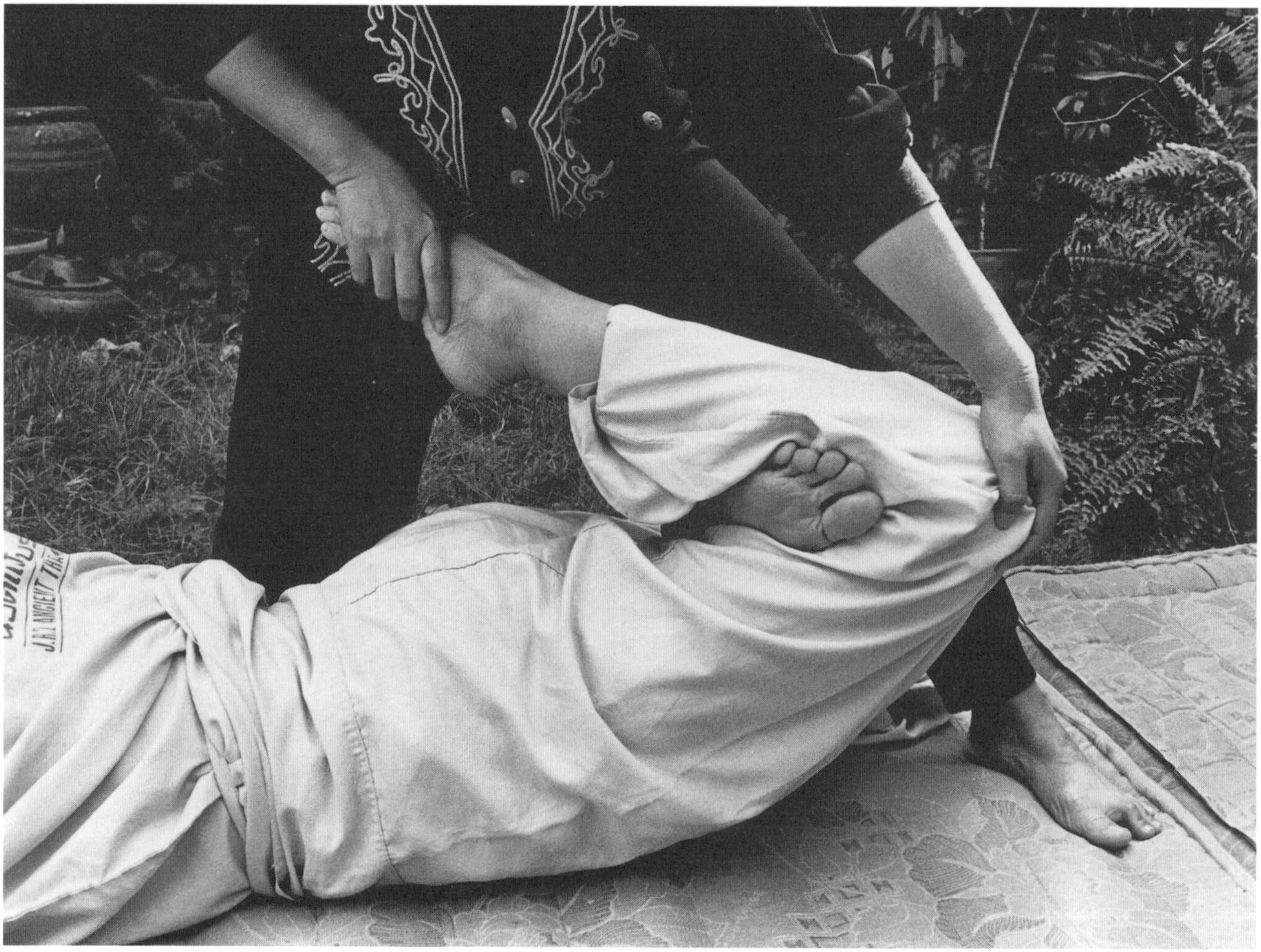

64

Von der vorhergehenden Grundposition ausgehend, fassen Sie das nach oben abgewinkelte Bein an der Fußspitze und am Knie.

+ Während Sie mit der einen Hand den Fuß niederdrücken, heben Sie mit der anderen das Knie hoch.

65

Vorherige Ausgangsposition. Sie legen eine Hand auf die Hüfte des Partners und halten mit der anderen Hand das Fußgelenk des erhobenen Beins fest.

+ Ziehen Sie das Bein des Klienten hoch.
+ Massieren Sie gleichzeitig seine Hüfte.

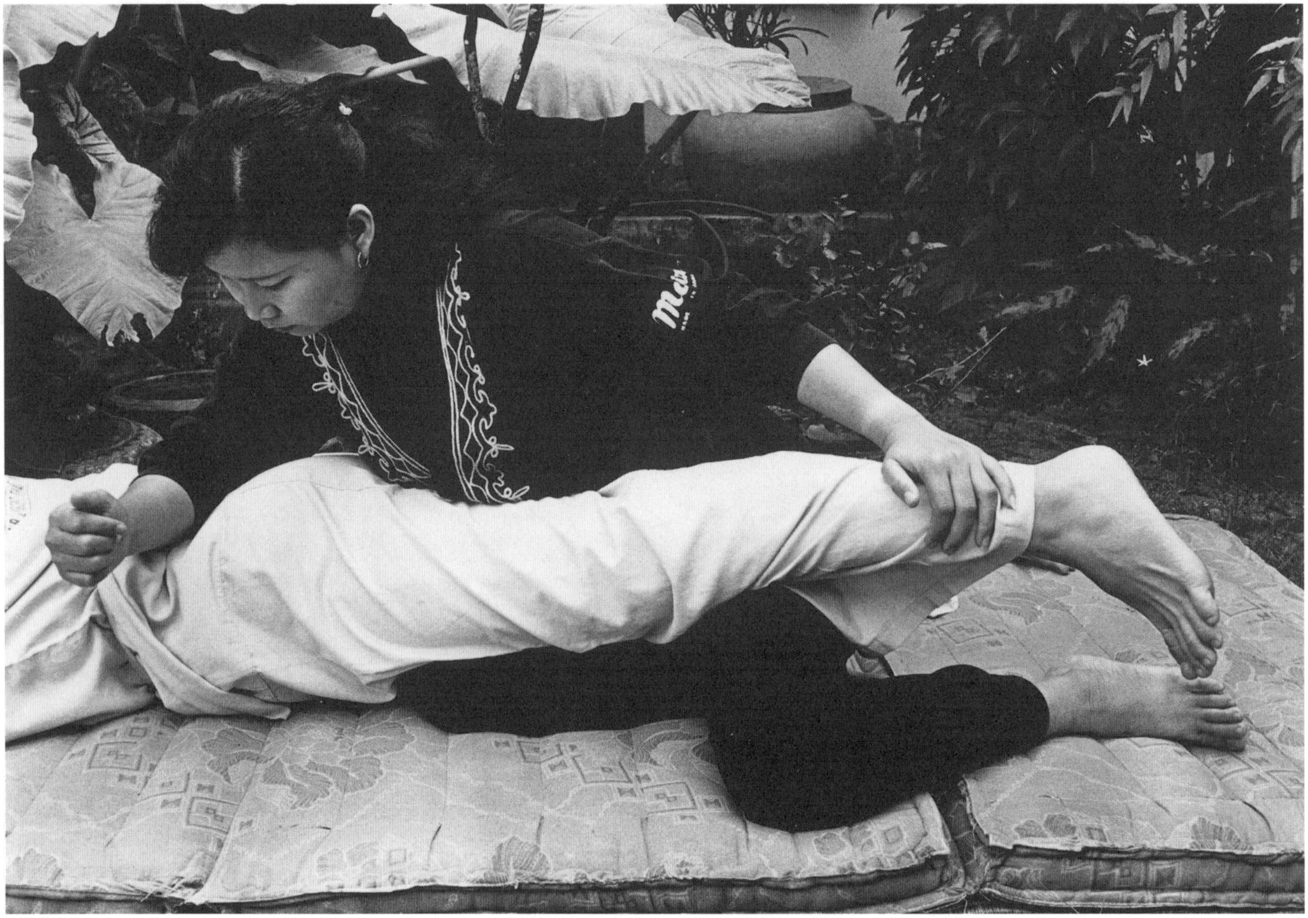

66

Sie sitzen mit angewinkelten Beinen zwischen den Knien des bäuchlings liegenden Partners. Ein Bein nehmen Sie auf Ihren Schoß und halten es am Unterschenkel fest.
+ Rollen Sie Ihren Unterarm über die Hüfte des Partners zum Schulterblatt, während Sie mit der anderen Hand das Bein durch Zug strecken.

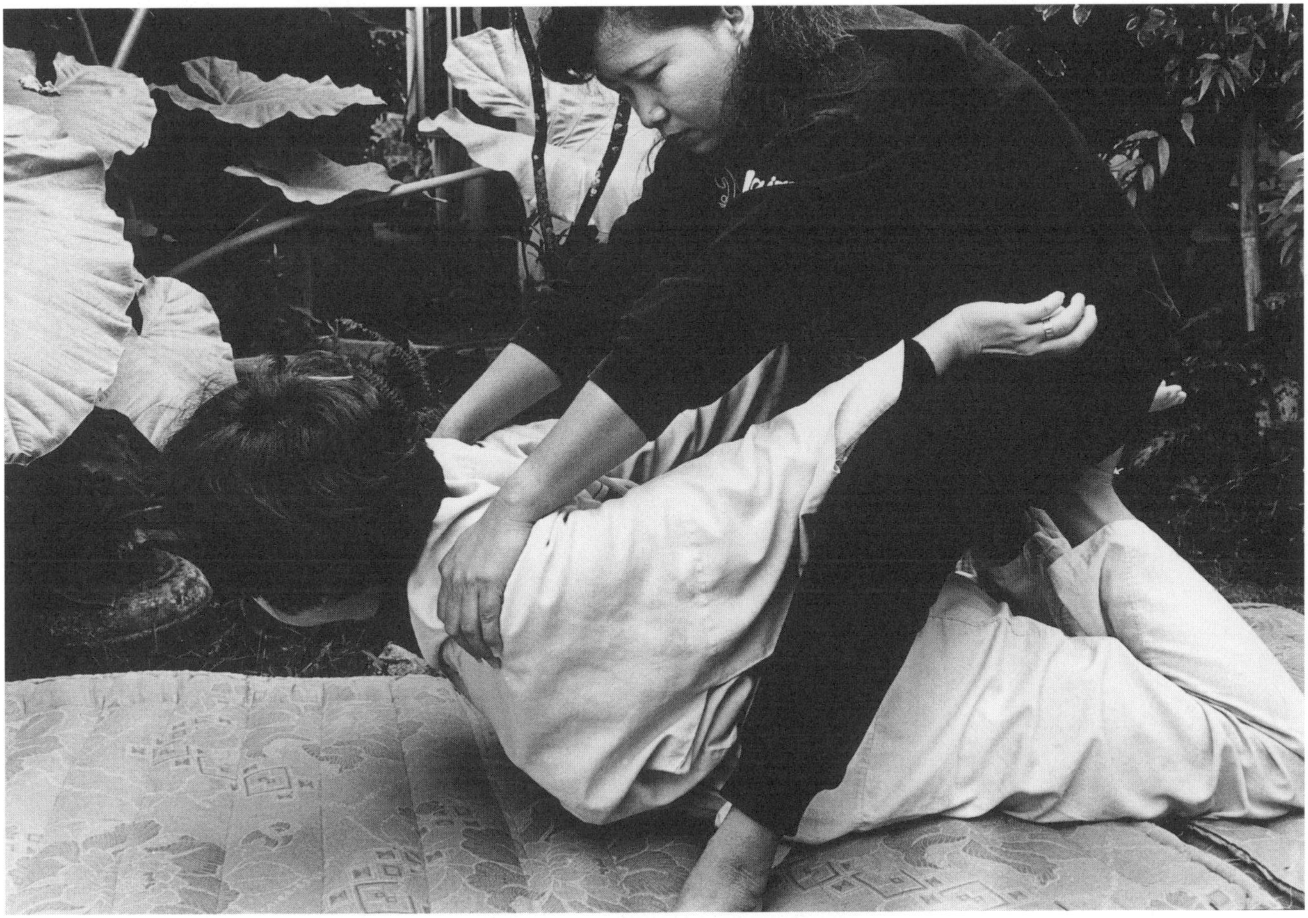

67
Sie setzen sich auf die Fußsohlen der angewinkelten Beine des Partners. Nachdem Sie dessen Rücken beidseits der Wirbelsäule aufwärts und abwärts massiert haben, ergreifen Sie die Schultern des Klienten, der seine Hände an Ihren Hüften plaziert.

+ Ziehen Sie seine Schultern langsam – ohne Ruck – hoch.
+ Dabei drücken Sie mit Ihrem Gesäß seine Fußsohlen. 3mal.

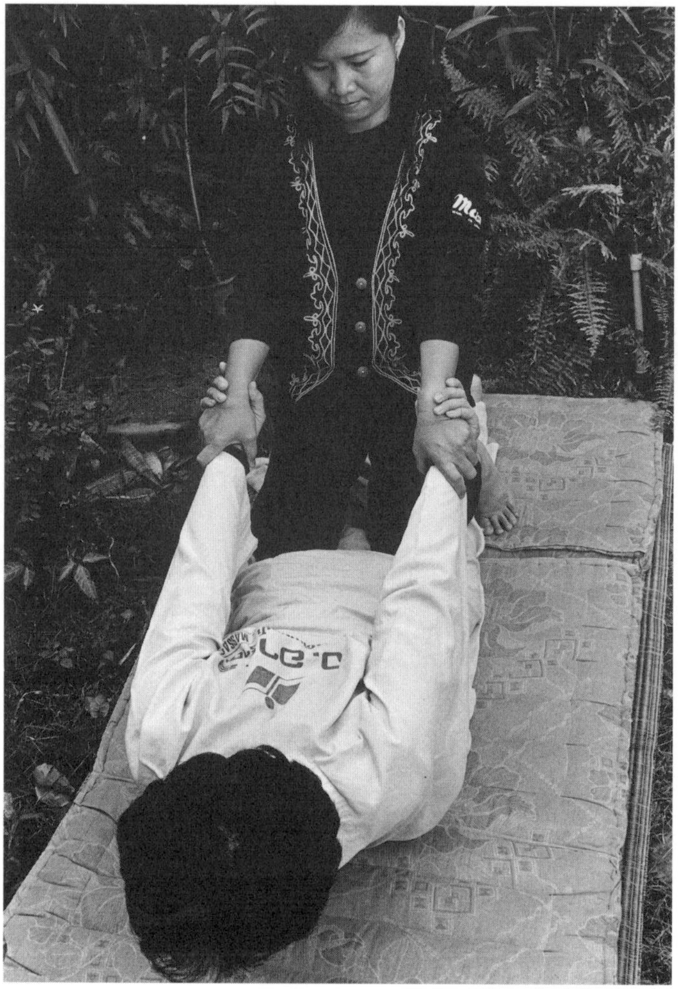

68

Bauchlage: Sie knien auf den Oberschenkeln am Gesäßansatz des Partners. Nachdem Sie mit Handballen und Daumen seinen Rücken rechts und links der Wirbelsäule, seine Schultern und Arme massiert haben, ergreifen Sie seine Handgelenke. Der Partner umfaßt seinerseits Ihre Handgelenke.

+ Lehnen Sie sich zurück, dadurch ziehen Sie die Schultern und den Oberkörper des Partners hoch. Maximal 10 Sekunden.

+ Gleichzeitig massieren Ihre Knie – die Sie einmal höher, einmal tiefer fixieren – seine Oberschenkel und Hinterbacken. 3mal.

+ Ziehen Sie dann abwechselnd am linken und am rechten Arm, so daß der Körper des Partners leicht schaukelt.

69

Sie stehen aufrecht. Einen Fuß setzen Sie auf den Hüftrand des Partners, ohne sein Becken zu belasten. Sie ergreifen mit einer Hand das Handgelenk und mit der anderen Hand das Fußgelenk des Klienten.

+ Heben Sie sein Bein behutsam an (während Sie seinen Arm lediglich halten), so daß sich eine Körperseite vom Boden abhebt. Maximal 10 Sekunden.

4. Sitzhaltung

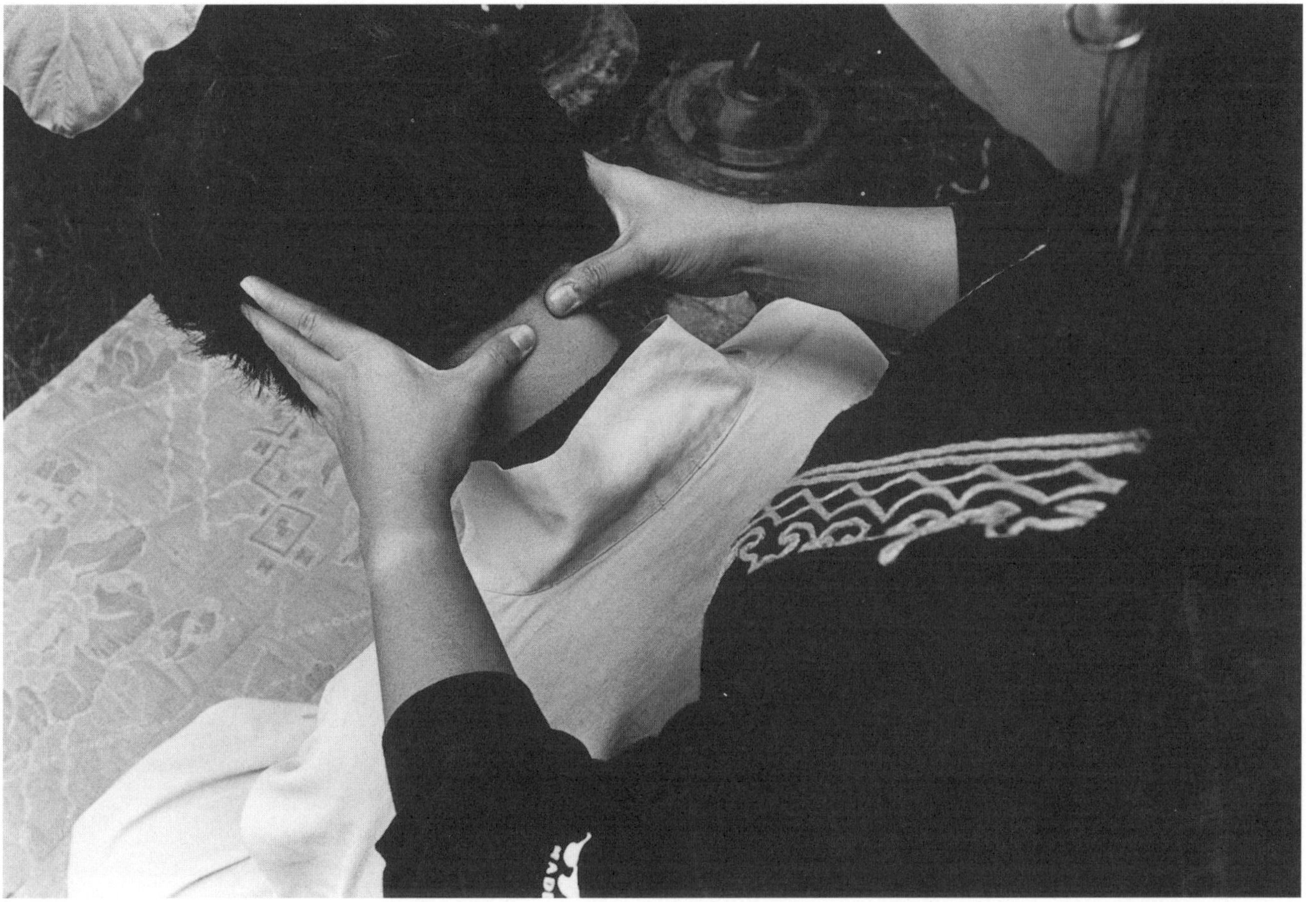

70

+ Wandern Sie mit Ihren Daumen beidseits der Wirbelsäule abwärts bis zum Steißbein und zurück (Abb. 6, S. 87). Mittelstarker Druck.

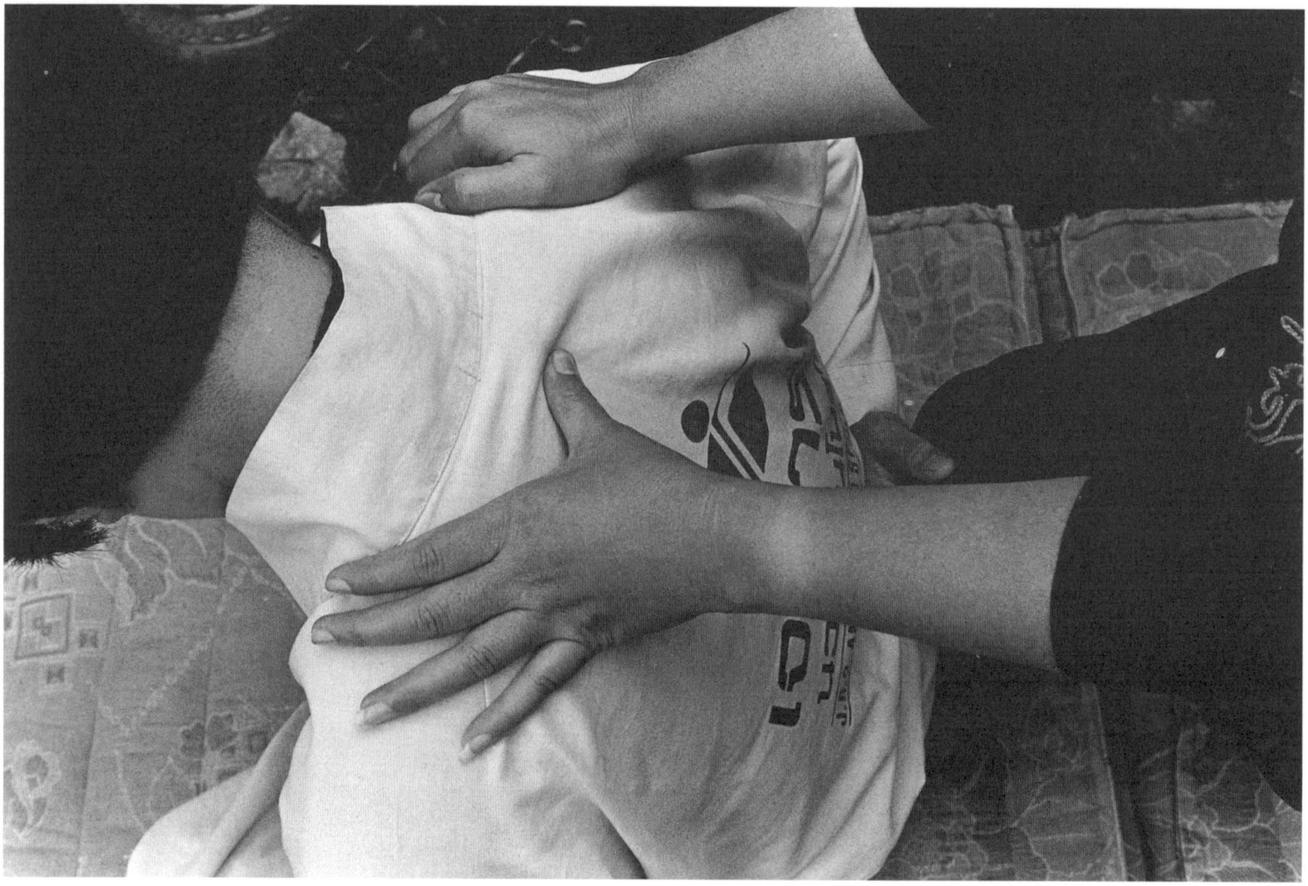

71

Sie knien hinter dem sitzenden Partner, der seine Hand auf seinem Rücken plaziert. Ihr Knie fixiert die Handfläche. Mit einer Hand halten Sie seine Schulter fest.

+ Massieren Sie auf der anderen Seite den Bereich um das Schulterblatt herum – mit Daumendruck.

+ Während Sie das Schulterblatt (eine häufig sehr verspannte Zone) lockern, ziehen Sie die andere Schulter leicht nach hinten.

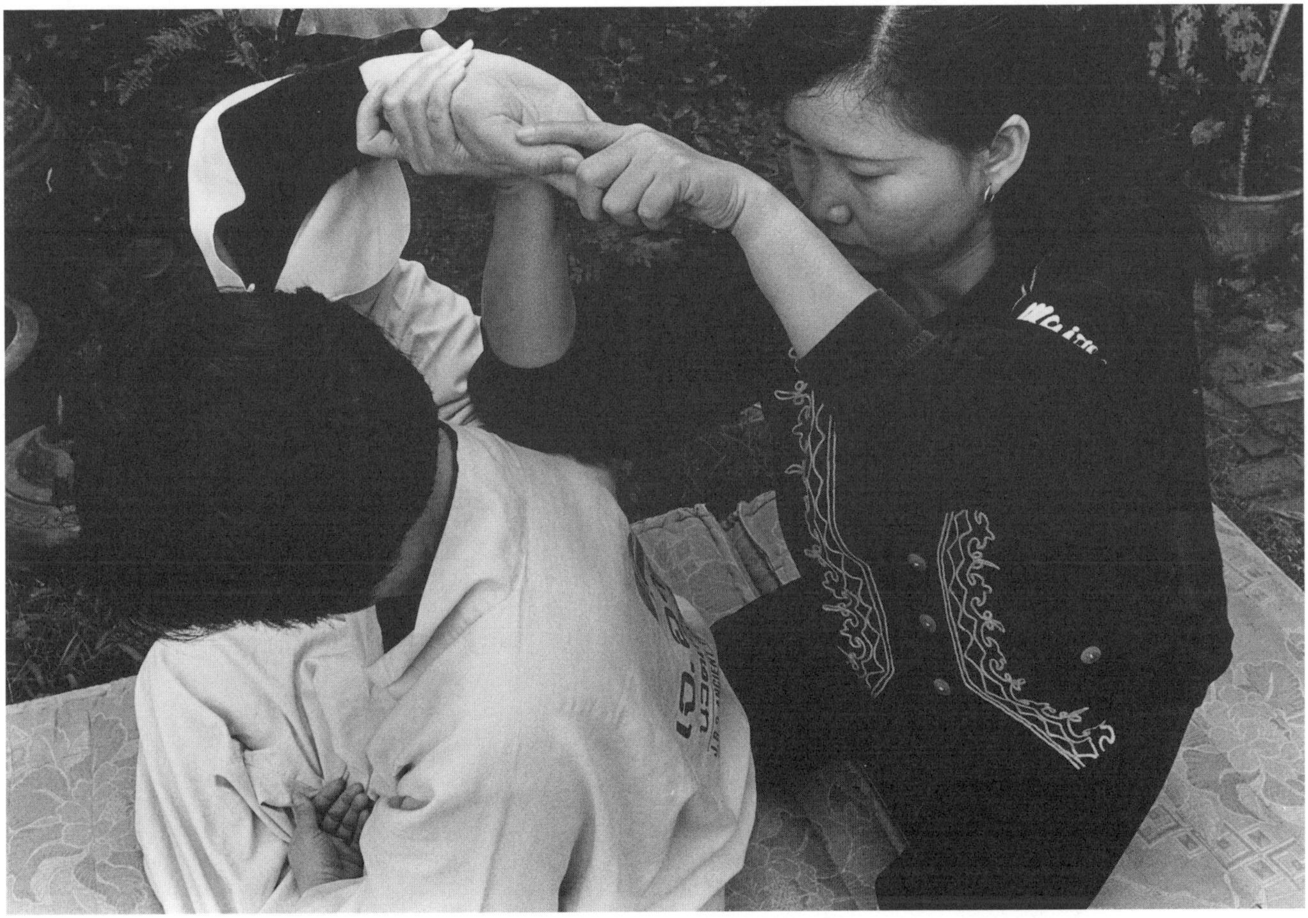

72

Sie knien hinter dem Partner, der einen Arm nach oben angewinkelt hat. Sie ergreifen seine erhobene Hand am Gelenk. Ihre andere Hand hält seine Finger fest. Ihr Knie stützt seinen unteren Rücken.

+ Während Sie den Arm Ihres Partners nach hinten ziehen, massieren Sie mit dem Ellbogen seinen Rücken (nicht auf Wirbelsäule und Schulterblatt drücken). Der Ellbogen fungiert gleichsam als Hebel.

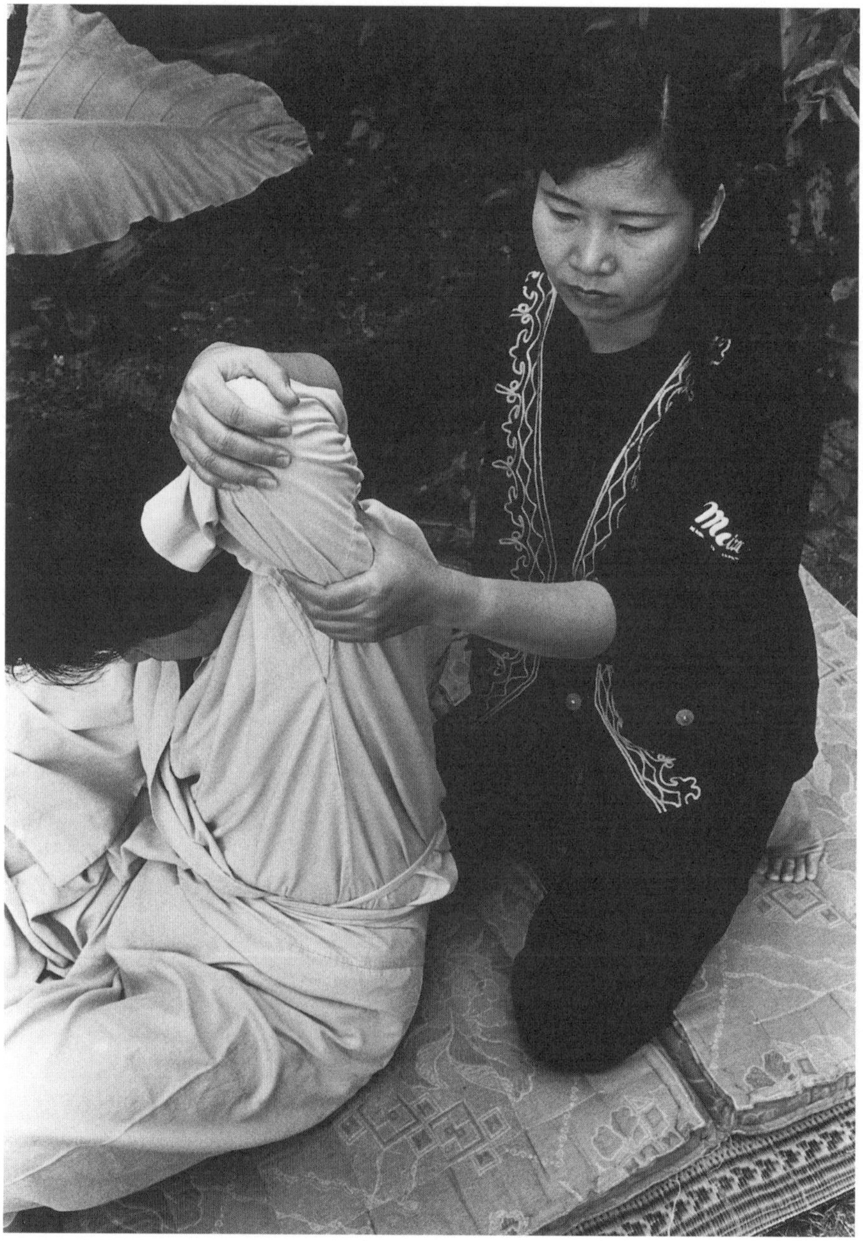

73
Sie plazieren die Hand des Partners auf dessen Nacken.
+ Ziehen Sie mit der einen Hand den Ellbogen seines angewinkelten Arms zurück.
+ Bearbeiten Sie mit der anderen Hand (Fingerdruck) gleichzeitig den Oberarm des Partners, speziell den Trizeps.

74
Sie fixieren mit einem Arm den nach vorn und zur Seite geneigten Kopf des Partners.
+ Massieren Sie mit dem Ellbogen Ihres anderen Arms den Weichbereich seiner Schulter. Ihre Hände haben Sie dabei verschränkt.

75

+ Lockern Sie mit verschränkten Fingern (Handballendruck) und mit den abgespreizten Daumen der verschränkten Hände (Daumendruck) den Nacken des Partners, Sammelplatz aller Anspannung und Verkrampfung.

➭ Schließen Sie die Massage der *Kopfpunkte* und der *Gesichtslinien* an (s. Abb. 8, S. 87 und Abb. 9, S. 88).

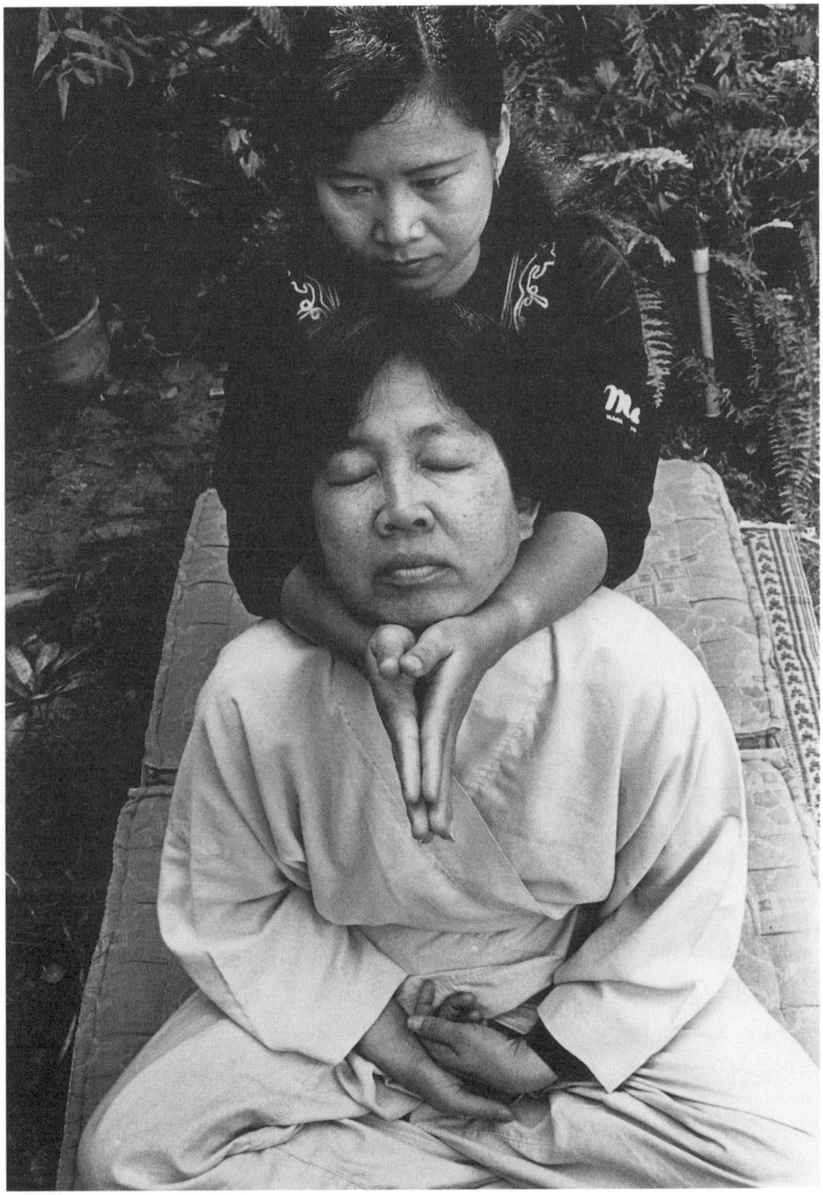

76
Sie legen Ihre Unterarme auf die Schultern des sitzenden Partners und falten Ihre Hände unter seinem Kinn
+ Drücken Sie mit Ihren Unterarmen seine Schultern.
+ Biegen Sie den Kopf des Klienten sacht einmal nach hinten, einmal nach links und einmal nach rechts, um die Nackenwirbel zu lockern.

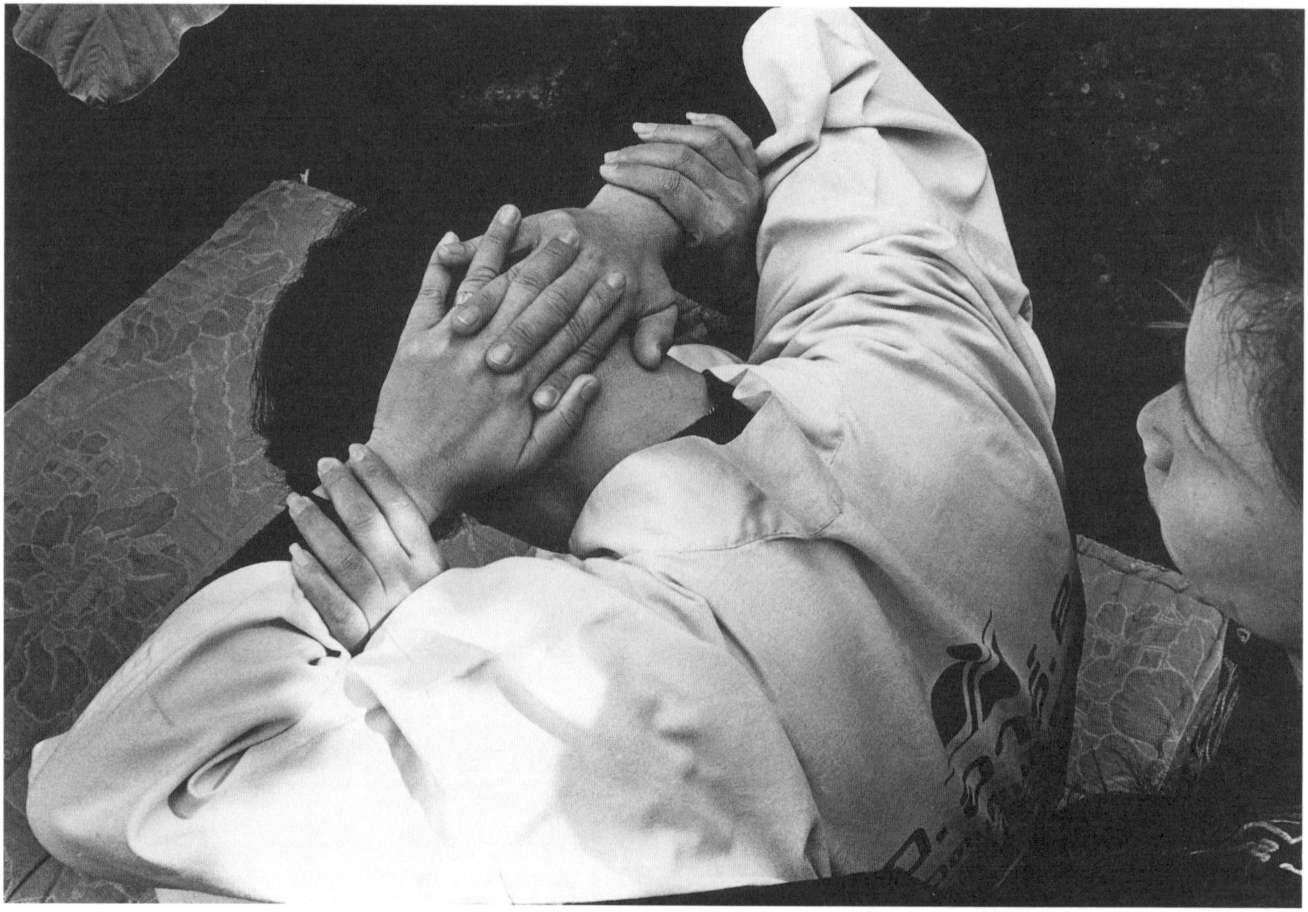

77 a

Der Partner verschränkt seine Hände auf dem Hinterkopf. Sie greifen von unten durch die Öffnungen zwischen Ober- und Unterarm und erfassen seine Arme neben den Handgelenken.
+ Drehen Sie den Oberkörper des Klienten langsam nach links und zurück, dann nach rechts und zurück ...

77 b

... + Biegen Sie seinen Oberkörper nach vorne, bis sein Kopf den Boden berührt (wenn es die Flexibilität des Partners erlaubt). 3mal.

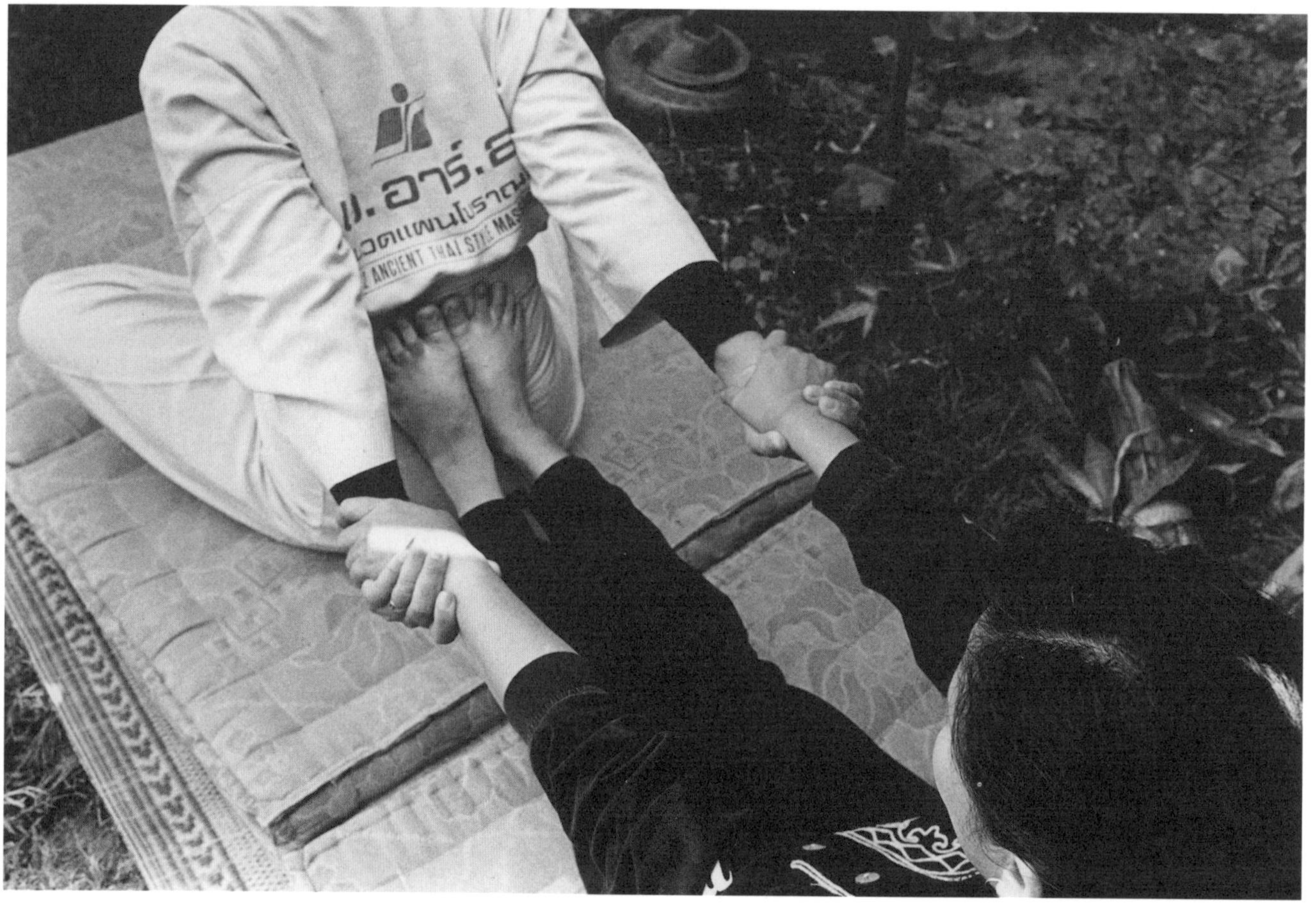

78
Sie sitzen hinter dem Partner, der seine Hände nach hinten streckt. Seine und Ihre Hände umfassen einander an den Handgelenken. Ihre Fußsohlen plazieren Sie am unteren Rücken des Partners.
+ Während Sie massierend mit Ihren Füßen auf seinem Rücken auf und ab wandern (neben, nicht auf der Wirbelsäule!), ziehen Sie bei jedem Fußsohlendruck den Partner an den Armen zurück, Ihr Körpergewicht einsetzend. Ihre Bewegung ähnelt der beim Rudern eines Boots.

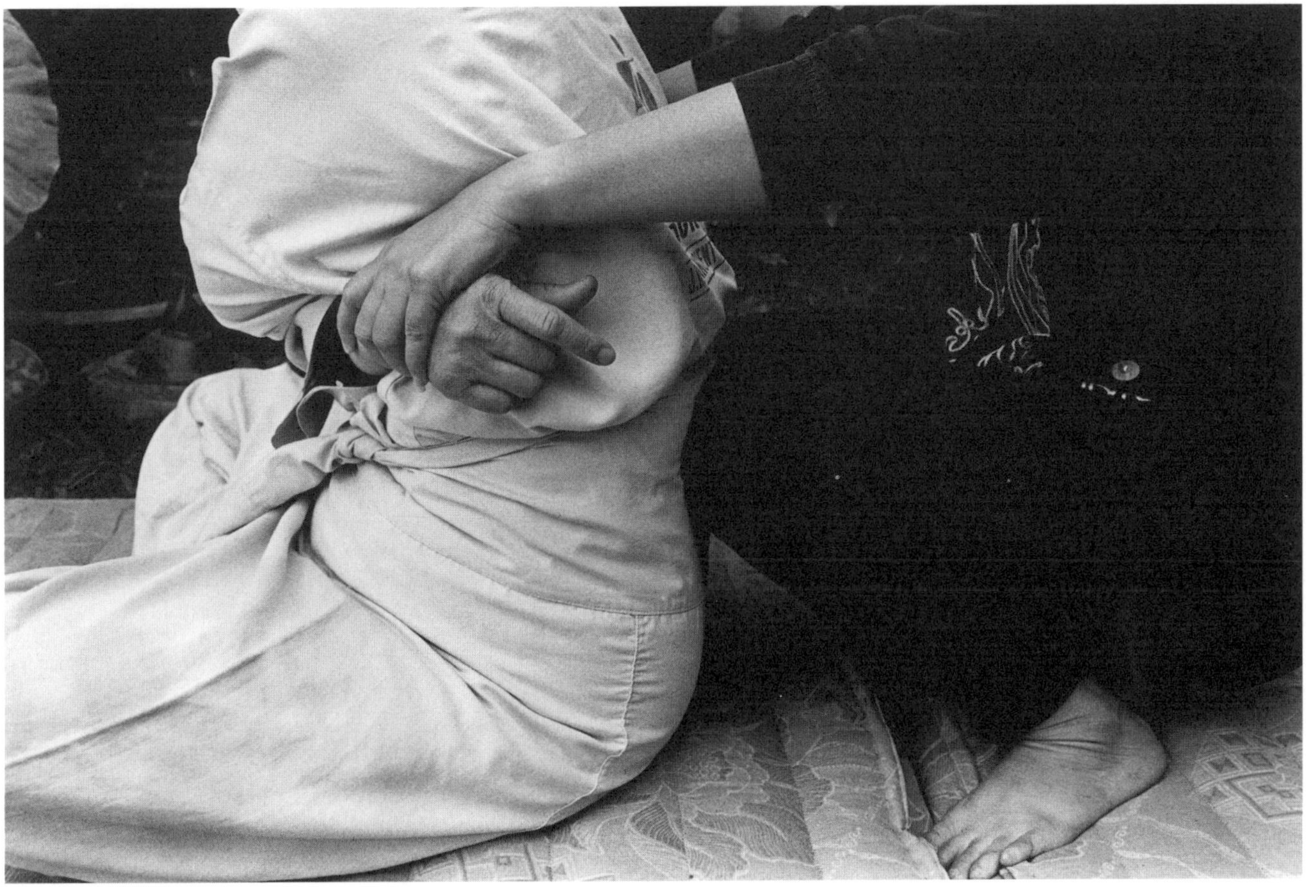

79
Der Partner schlingt seine Arme um seine Brust, als wollte er sich selber umarmen. Sie ergreifen von hinten seine Hände (am Gelenk).
+ Ziehen Sie den Körper des Klienten zurück, gegen Ihre aufgestellten Knie. 3mal.

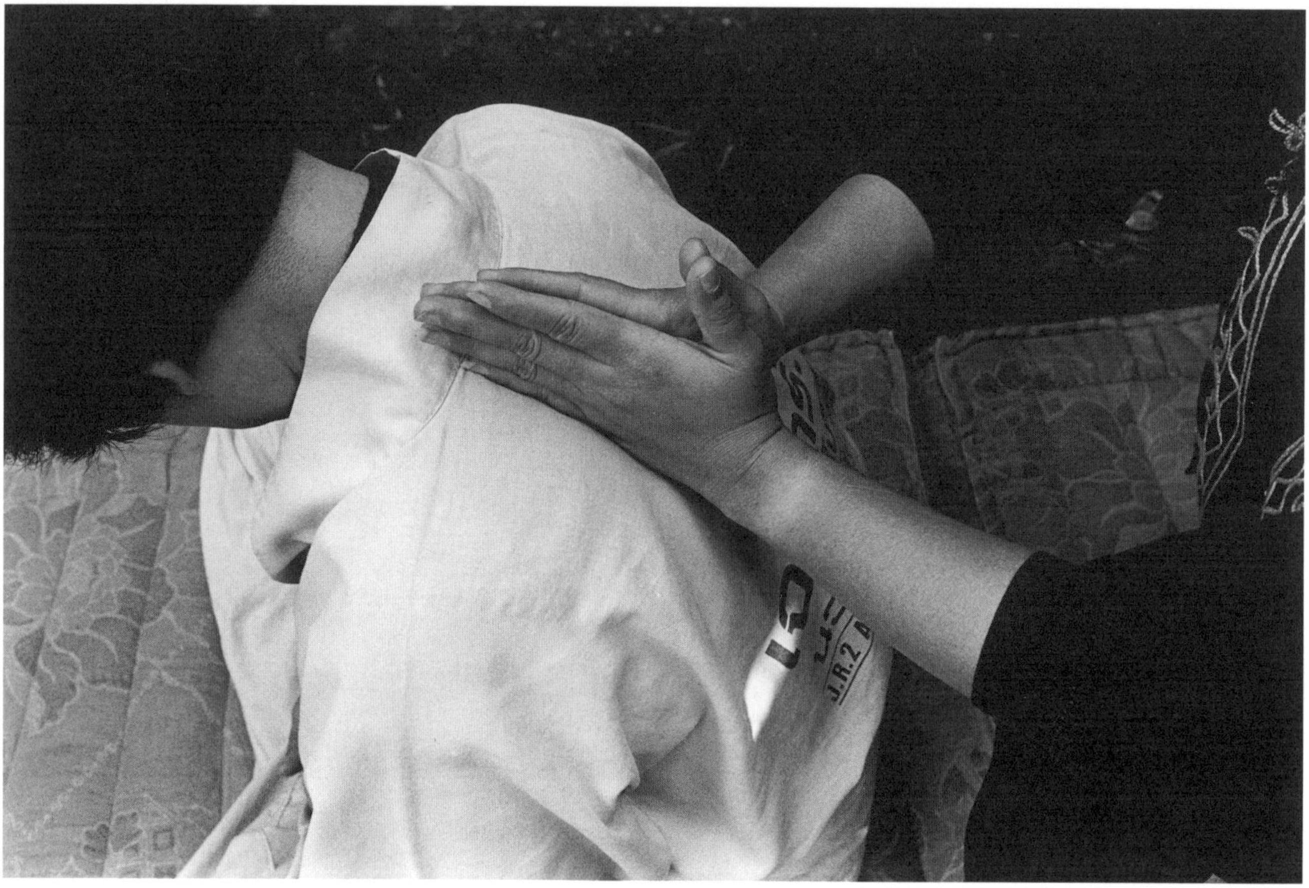

80
Sie knien hinter dem sitzenden, leicht nach vorn gebeugten Partner.
+ Behandeln Sie mit Handballendruck den Rücken zu beiden Seiten des Rückgrats und beschließen Sie das Nuad-Programm mit 3 leicht berührenden Handkantenbewegungen abwärts und seitwärts.

Ausklang

Lassen Sie die Thai-Massage bedächtig ausklingen, um den Zustrom von Lebensenergie voll zu absorbieren. Spüren Sie den Segnungen von Nuad nach. Nutznießer einer Thai-Massage sind sowohl der Empfänger als auch der Geber: Beide sind erfrischt und genießen das Gefühl des Wohlbefindens und der Ausgeglichenheit.

Theorie

Der Schlüssel zu Nuad ist die Lebensenergie bzw. Naturkraft. Sie ist der springende Punkt der thailändischen wie der indischen oder chinesischen Heilkunst. Was läßt jedes Atom kreisen? Was bewegt die Myriaden Gestirne? Was bewirkt den Wechsel von Tag und Nacht, der Mondphasen und der Jahreszeiten? Was bildet den Tautropfen, das Schneekristall und den Regenbogen? Was entfaltet einen Samen zur Orchidee oder zum Walnußbaum? Was treibt die embryonale Entwicklung und den Aufbau des Menschen an?
Nach der mystischen Erfahrung des Ostens ist es die Lebensenergie, die als allgegenwärtige Naturkraft die Schöpfung vom Mikrokosmos bis zum Makrokosmos durchwaltet.
Im Menschen ist die Lebensenergie der „Arzt in uns", d. h. jene Kraft, die die Gesundheit bzw. die Gesundung gewährleistet.

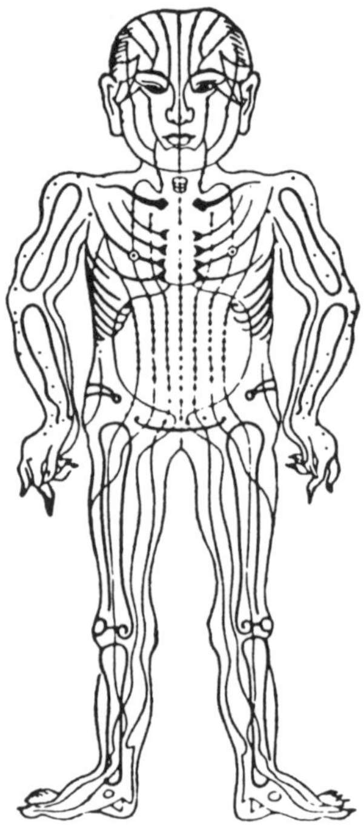

Der Mensch hat einen feinstofflichen Energiekörper

Die unsere Gesundheit sichernde Lebensenergie wirkt zweifach:

> Erstens als *Widerstands-, Schutz-* bzw. *Abwehrkraft.*
> Zweitens als *Regenerations-* bzw. *Heilkraft.*

✔ Die Widerstands-, Schutz- und Abwehrkraft schlägt schädliche Einflüsse – z. B. Infektionen – zurück. Sie gibt also den Krankheitskeimen – den Viren, Bakterien und Konsorten – keine Chance. Sie dirigiert das Immunsystem. Und sie managt zudem die Anpassung des Körpers an die Umweltbedingungen und Witterungseinflüsse (Wind, Kälte, Nässe). Kurzum: Sie beugt der Krankheit vor.

✔ Die Regenerations- bzw. Heilkraft setzt – bei geschwächter Gesundheit – den Körper instand, sich selbst zu reparieren. Nicht Arzt, Apotheker und Arznei heilen. Die Regenerationsenergie heilt: Sie betreibt den körpereigenen Selbstheilungsprozeß und stellt systematisch die gestörten Funktionen des Organismus wieder her. Arzt und Patient können das natürliche Selbstheilungssystem nur anregen, unterstützen und stärken: Mehr vermögen sie eigentlich nicht.

Zusammenfassung: Die Lebensenergie schützt vor Krankheit und beschleunigt die Genesung.

Während unsere Schulmedizin rund 35.000 Krankheiten unterscheidet, gibt es für die Naturheilkunde des Ostens im Grunde nur eine einzige Krankheit: Energieschwäche. Die Energieschwäche gebiert die tausenderlei Gesundheitsstörungen, ob sie Rheuma, Asthma, Migräne oder anders heißen.

Wer Energie hat, fühlt sich weder abgeschlagen noch überdreht. Er ist „voll da“ – ohne Kaffee, Cola, Zigaretten und andere Stimulanzien sowie Stimmungsaufheller. Wenn im ganzen Körper Energie pulsiert, fühlen wir uns wohl in unserer Haut. Die Naturkraft beflügelt: Sie verleiht Frische, Vitalität und Schwung. Kurzum: Sie unterstützt alle Lebensprozesse. Sie organisiert und orchestriert alle Aktivitäten des Organismus.

Nuad ist ein ideales Mittel, um erstens unsere durch Hektik, Reizüberflutung, Überforderung usw. bedingte Energievergeudung zu drosseln, zweitens unsere Energiereserven von Sperren zu befreien und drittens frische Energie zuzuführen, die die verbrauchte Energie ersetzt.

Mit anderen Worten: Nuad lädt uns energetisch auf, d. h. steigert Fitneß, psychische Stabilität, Selbstvertrauen, Daseinsfreude, schöpferische Spontaneität, Leistungsfähigkeit und Lebensqualität. (Mehr darüber im Abschnitt Therapie.)

Die Thailänder nennen die Lebensenergie wie die Inder „Prana“, die Chinesen „Qi“. Nach der Energietheorie Ostasiens fließt die Lebensenergie in *Leitbahnen.*

Sobald sie stockt und stagniert, kommt es auf der einen Seite zu energetischer Überversorgung (krankhaftem Energieüberschuß) und auf der anderen Seite zu energetischer Unterversorgung (krankhaftem Energiemangel). Es gilt also, Stauungen und Verknotungen unseres Lebenselixiers – eben der Energie – in den verlegten Leitbahnen aufzulösen bzw. festsitzende Energie zu bewegen.

Der Kern der mehrtausendjährigen orientalischen Erfahrungsheilkunde – und der Traditionellen Thai-Massage (Nuad) – ist daher das *Energietransportsystem.* Nuad stützt sich sowohl auf die thailändische als auch auf die indische und die chinesische Überlieferung der Naturkraft-Kanäle.

Die 3 Säulen der Nuad-Theorie: > Sen, > Nadis und > Meridiane.

Chinnarat, Thailands schönster Buddha in Wat Yai in Phitsanulok

1. Thailändischer Hintergrund: Sen

„Sen“ heißen die Energieleitbahnen in der thailändischen Tradition. Die Theorie spricht von 72.000, die Praxis kommt mit 10 aus.
Die von Nuad ausgewählten 10 Hauptbahnen der Energie sind die Sen Sumana, Ittha, Pingkhala, Kalathari, Thawari, Sahatsarangsi, Ulangka, Lawusang, Nanthakrawat und Khitchanna.
Über den genauen Verlauf der Energiebahnen ist man sich in Fachkreisen allerdings nicht ganz einig, seit die Aufzeichnungen über die Nuad-Kunst und die Abbildungen des kompletten Liniensystems im schwelenden Trümmerfeld der alten siamesischen Metropole Ayutthaya verkohlt sind.

I. Sen *SUMANA*

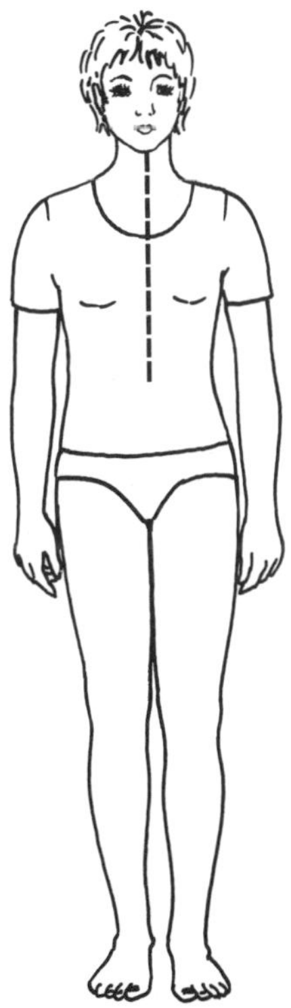

Sen *Sumana* entspringt an der Zungenspitze und läuft in gerader Linie abwärts über Kehle (Hals) und Brustbein bis zum Sonnengeflecht, oberhalb des Nabels endend.
Indikation: *Herzkrankheiten, Atemwegbeschwerden, Asthma, Bronchitis, Husten, Halsbeschwerden, Erkältungskrankheiten, Brustschmerzen, Magen- und Darmstörungen, Bauchschmerzen, Brechreiz, Übelkeit, Zwerchfellverkrampfung.*

II. Sen *ITTHA*

Sen *Ittha* beginnt am linken Nasenflügel, steigt hoch über Stirn und Kopf, läuft links der gedachten Körpermittellinie abwärts über Hinterhaupt, Nacken und Rücken (seitlich der Wirbelsäule), zieht sich über die linke Hinterbacke und die Außenseite des Oberschenkels bis zum Knie. Im Kniebereich macht Sen Ittha einen Bogen und wechselt auf die Körpervorderseite, um auf der Innenseite des Oberschenkels dem Bauch zuzustreben und schließlich 1 Daumenbreit links vom Nabel zu münden.

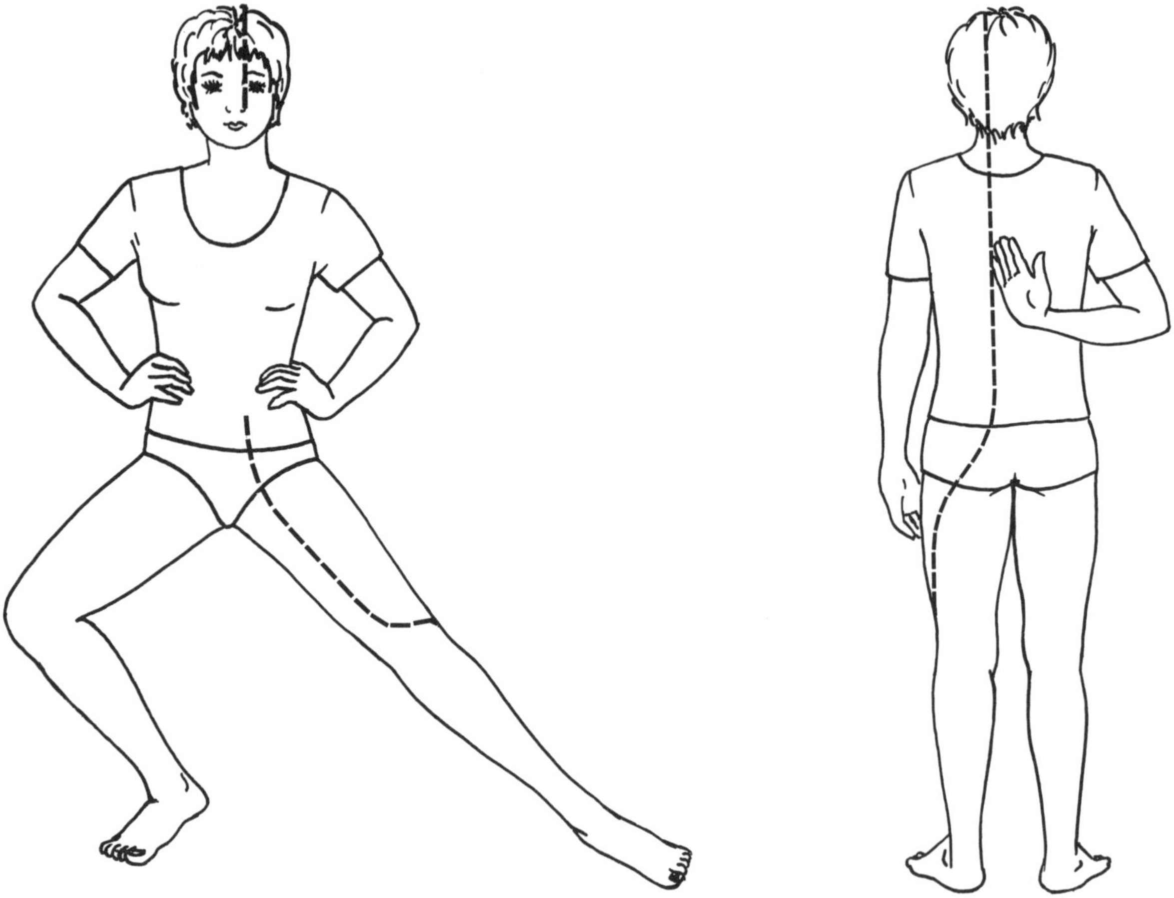

Indikation: *Erkältungskrankheiten, Husten, Halsweh, Schnupfen, Fieber, Frösteln, Magen- und Darmstörungen, Bauchschmerzen, Kopfschmerzen, Schwindelgefähl, Nackensteife, Schulterbeschwerden, Rückenschmerzen, Kniebeschwerden, Harntraktstörungen, Unterleibsbeschwerden, Augenschmerzen.*

III. Sen *PINGKHALA*

Sen *Pingkhala* entspricht Sen Ittha, verläuft aber auf der rechten Körperseite.

Indikation: wie Sen Ittha, zusätzlich aber *Leberstörungen und Gallenbeschwerden.*

IV. Sen *KALATHARI*

Sen *Kalathari* fängt am Nabel an und verzweigt sich in 4 Linien (2 auf jeder Körperseite): Jeweils 1 Linie zieht sich vom Nabel über die Brustwarzen zu den Schultern, um auf der Innenseite der Arme abzusteigen – bis zu den Spitzen aller Finger.
Die anderen 2 Linien ziehen sich vom Nabel ausgehend abwärts: jeweils über das Becken zur Innenseite der Beine bis zu den Füßen. Sie enden an den Spitzen aller Zehen.

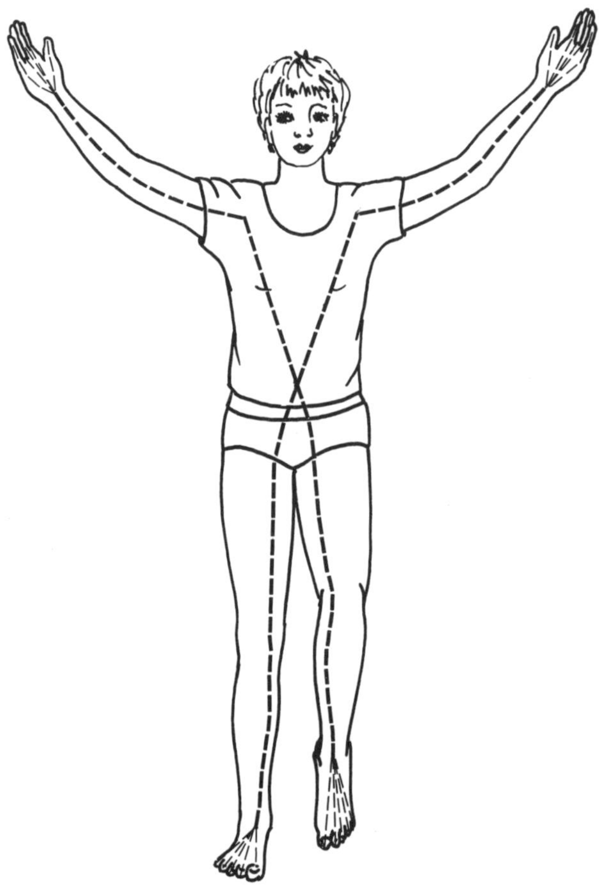

Indikation: *Herzrhythmusstörungen, Angina Pectoris, Taubheitsgefühl in Armen und Beinen, Keuchhusten, Stirnhöhlenprobleme, Brustschmerzen, Magen- und Darmstörungen, Bauchschmerzen, Verdauungsprobleme, Hepatitis, Schock, Hysterie, Epilepsie, Fingerarthritis, Armbeschwerden, Beinbeschwerden, Kniebeschwerden, Bruch.*
Sen Kalathari ist als „psychische Linie“ ebenso bei *seelischen Problemen* hilfreich.

V. Sen *THAWARI*

Sen *Thawari* beginnt am rechten Auge und wandert auf der rechten Körperseite am Mundwinkel vorbei über den Hals zur Brustwarze, dann über Bauch und Becken. Beim Beinansatz wechselt die Thawari-Linie auf die Außenseite des Ober- und Unterschenkels, um hinter dem Knöchel zum Fuß hinabzusteigen. Am Fuß wechselt sie abermals die Seite und zieht die Innenseite des Beins hoch zur Leiste. Sie steigt bis knapp unterhalb des Nabels empor.

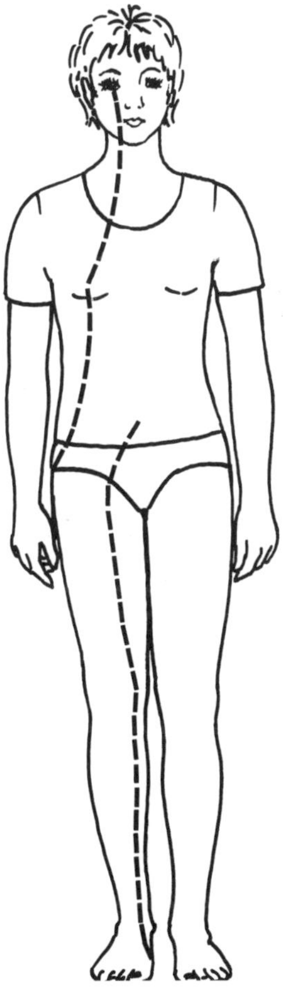

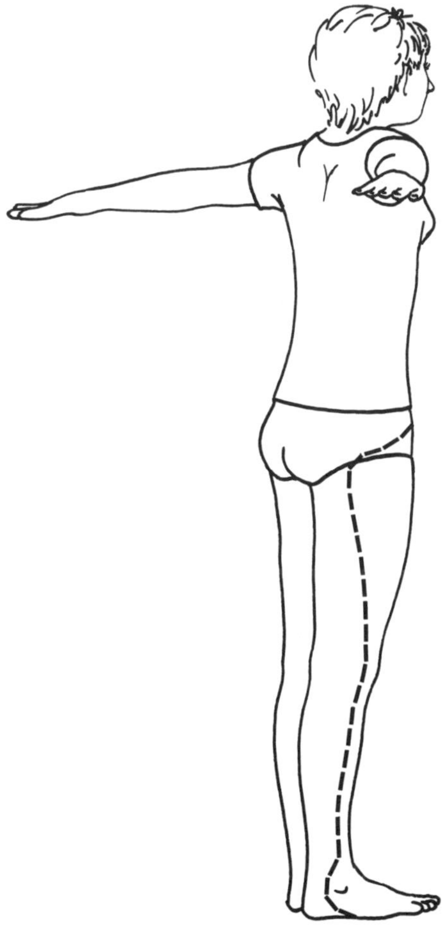

Indikation: *Taubheitsgefühl in den Beinen, Halsbeschwerden, Brustschmerzen, Fieber, Magen- und Darmstörungen, Blinddarmreizung, Hepatitis, Zahnschmerzen, Gesichtslähmung, Psychose, Kniebeschwerden, Kniearthrose, Leistenbruch, Störungen im Urogenitalsystem, Augentränen, Augenrötung, verschwollene Augen.*

VI. Sen *SAHATSARANGSI*

Sen *Sahatsarangsi* nimmt den gleichen Kurs wie Sen Thawari, aber auf der linken Seite des Körpers.

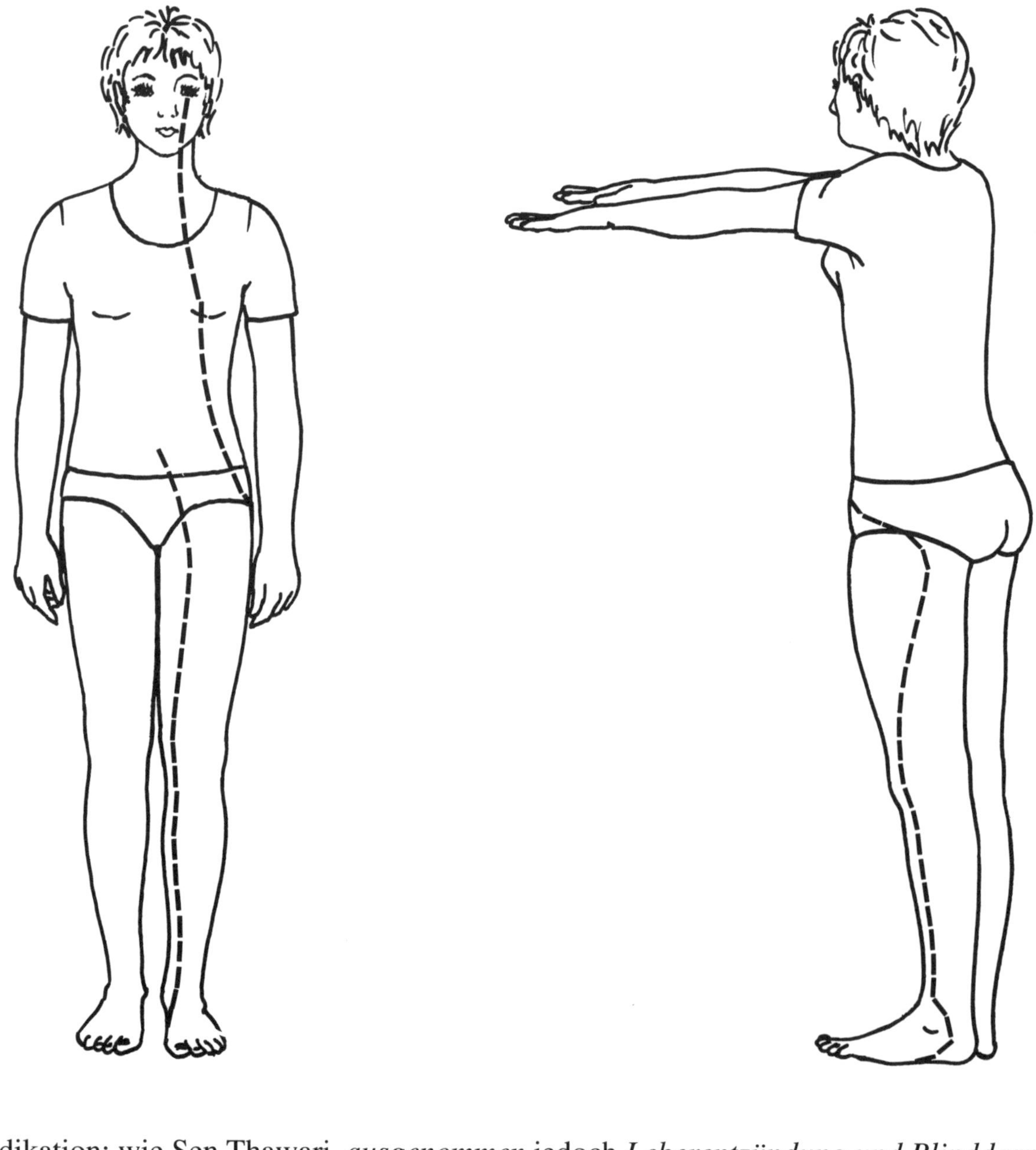

Indikation: wie Sen Thawari, *ausgenommen* jedoch *Leberentzündung und Blinddarmreizung.*

VII. Sen *ULANGKA* (= Sen Rucham)

Sen *Ulangka* beginnt hinter dem rechten Ohr, geht seitlich den Hals hinunter, führt zur rechten Brustwarze, beschreibt einen Bogen, um zum Sonnengeflecht zu ziehen und oberhalb des Nabels zu enden.

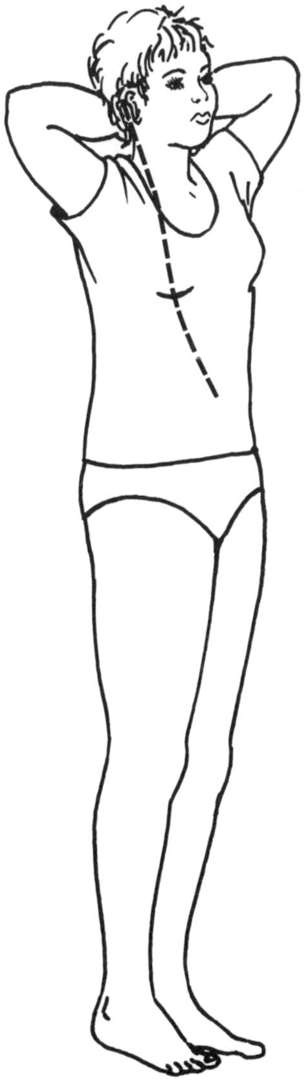

Indikation: *Schwindelgefühl, Atembeschwerden, Halsweh, Husten, Brustschmerzen, Zahnschmerzen, Magen- und Darmstörungen, Gesichtslähmung, Ohrenbeschwerden, Mittelohrentzündung, Schwerhörigkeit.*

VIII. Sen LAWUSANG

Sen *Lawusang* entspricht Sen Ulangka, verläuft aber spiegelbildlich, d. h. auf der linken Körperseite.

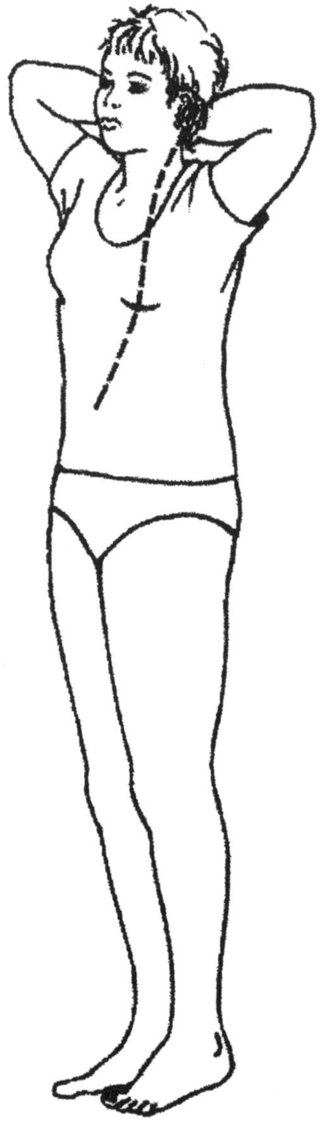

Indikation: wie Sen Ulangka.

IX. Sen *NANTHAKRAWAT*

Sen *Nanthakrawat* beginnt am Nabel und verläuft als Sen Sikhini zur Harnröhre und als Sen Sukhumang zum Anus.

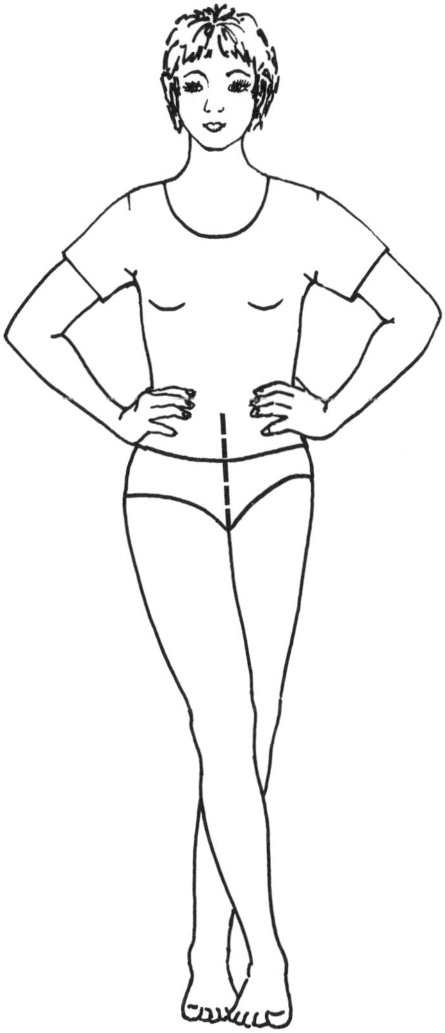

Indikation (die Nanthakrawat-Energiebahn wird nicht massiert, aber über die Bauchmassage behandelt): *Durchfall, Bauchweh, Leistenbruch, vor allem aber Störungen im Urogenitalsystem wie Blasenentzündung, Harnlaßstörungen, Prostatabeschwerden, unregelmäßige Menstruation, Regelschmerzen, Scheidenkrampf, vorzeitiger Samenerguß, Erektionsstörung, Impotenz, Frigidität, Unfruchtbarkeit, geschwächter Geschlechtstrieb.*

X. Sen *KHITCHANNA*

Sen *Khitchanna* beginnt am Nabel und verläuft als Sen Pitakun zum Penis und als Sen Kitcha zur Vagina. (Sen Khitchanna ist äußerlich identisch mit Sen Nanthakrawat.)

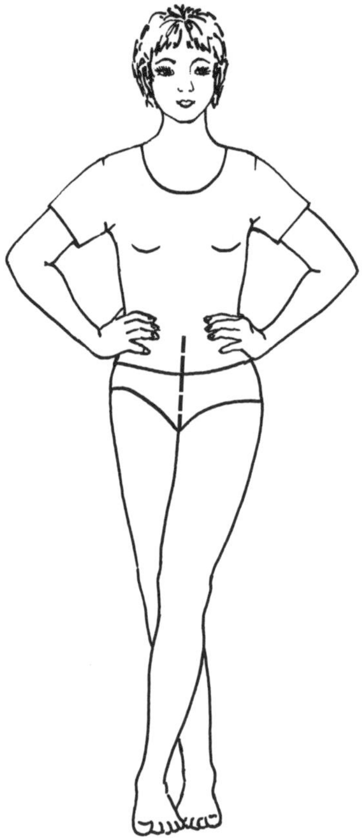

Indikation (die Khitchanna-Energiebahn wird nicht massiert, aber über die Bauchmassage behandelt): wie Sen Nanthakrawat.

Vergleiche der Sen genannten thailändischen Energiebahnen mit den Nadis (Energiebahnen des indischen Yoga) und den Meridianen (Energiebahnen der chinesischen Akupunktur) lassen Verwandtschaft und Ähnlichkeit untereinander erkennen.
Die Sen Sumana, Ittha und Pingkhala beispielsweise ähneln nicht nur den Namen, sondern auch dem Verlauf der 3 Haupt-Nadis im Yoga: Sushumna, Ida und Pingala. Oder: Sen Sumana ist mit dem oberen Teil des Konzeptionsgefäßes (Renmai-Meridian) und Sen Ittha mit dem Blasenmeridian in der Akupunktur vergleichbar. Sen Sahatsarangsi / Sen Thawari erinnern an den Magenmeridian. Sen Kalathari berührt sich mit dem Lebermeridian usw.

2. Indischer Hintergrund: Nadis

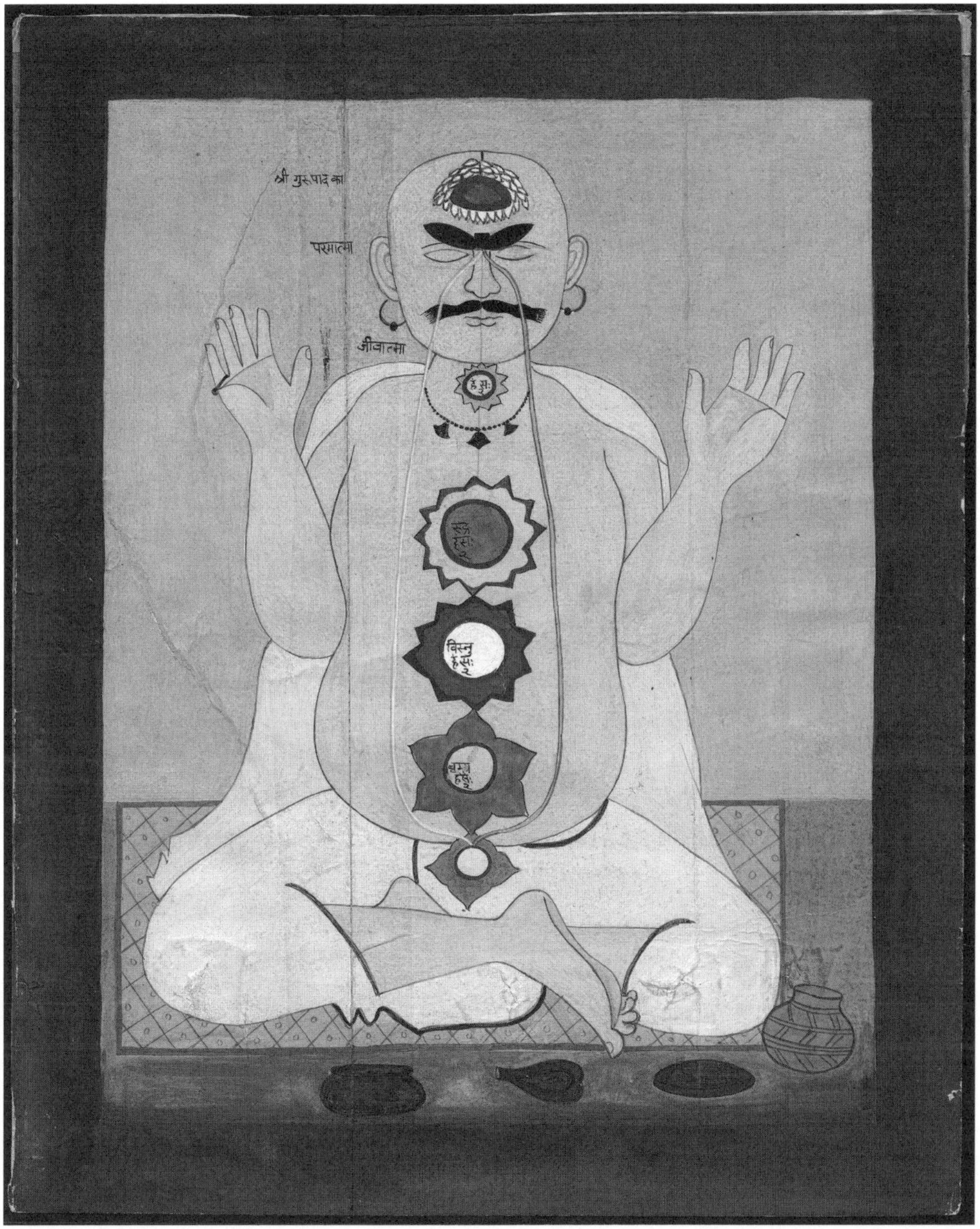

Die 3 Hauptkanäle (Nadis) der Energie und die 7 „Kraftwerke“ (Chakras) des Energiekörpers nach indischer Version

Das Wort Nadi bedeutet soviel wie Rohr, Kanal, Leitung. Nadis nennen die indischen Yogis jene Bahnen der Vitalkraft im feinstofflichen Körper, die die Energie – den Lebensatem (Prana) – transportieren.

Die Energieleiter – die Pranaströme – durchziehen als Netzwerk den Lebensleib. Nach den klassischen Yogatexten beziffern sich die pranaführenden Nadis auf 72.000.

3 Hauptadern des Geflechts der Kraftlinien spielen aber die Hauptrolle im Energiefeld des menschlichen Körpers: die Nadis Sushumna, Ida und Pingala.

➲ *Sushumna* ist gleichsam die zentrale Prachtstraße der Vitalessenz. Sie folgt der Wirbelsäule vom Damm bis zum Scheitel, links und rechts wird die Hauptachse von den Energiesträngen Ida und Pingala flankiert.

➲ *Ida* befördert die „Mondenergie“ = die weibliche bzw. Yin-Naturkraft.

➲ *Pingala* befördert die „Sonnenenergie“ = die männliche bzw. Yang-Naturkraft. Wo sich die beiden Seitenströmungen Ida und Pingala mit der mittleren Säule Sushumna kreuzen, liegen die *Chakras* (Kraftzentren). Chakra heißt wörtlich Rad oder Kreis. Eine blumige Umschreibung lautet Lotos. Wir können uns die Kreuzungspunkte der Energiekanäle wie Energiewirbel oder Schwungräder der Lebenskraft vorstellen. Die Funktion der Chakras ist, die durchströmende Energie zu sammeln, umzuwandeln und zu verteilen. Würde man das Prana mit elektrischer Energie vergleichen, illustriert Yogameister Iyengar, so wären die Nadis Hochspannungsleitungen und die Chakras Akkumulatoren und Transformatoren. Die 7 Kraftzentren (s. Abb. S. 195) sind: Wurzellotos, Beckenlotos, Nabellotos, Herzlotos, Kehllotos, Stirnlotos und Scheitellotos.

Jedes Chakra ist eine Stufe oder ein Knotenpunkt der im Mittelkanal hochsteigenden kosmischen Urkraft, die auf jeder Ebene besondere Fähigkeiten entfaltet.

>>> Nuad berührt alle Chakras. Das heißt: Die Traditionelle Thai-Massage regt alle Lebenszentren an.

3. Chinesischer Hintergrund: Meridiane

Das Energietransportsystem besteht nach altchinesischer Theorie aus einem engmaschigen Netzwerk von 14 „Autobahnen“ (Meridianen) und unzähligen „Nebenstraßen“ und „Pfaden“. Durch Stechen (Akupunktur), Drücken (Akupressur) oder Erwärmen (Moxibustion) der auf den Meridianen an der Hautoberfläche liegenden Reizpunkte erhalten die Chinesen das Fließgleichgewicht im Kommunikationsnetz der Kraftlinien aufrecht. Es gibt 12 + 2 Hauptmeridiane, alle 14 sind vernetzt, d. h. sie stehen miteinander in Verbindung. Die 12: die Meridiane „Lunge“, „Dickdarm“, „Magen“, „Milz“, „Herz“, „Dünndarm“, „Blase“, „Nieren“, „Meister des Herzens“ (Kreislauf/Sexualität), „Dreifacher Erwärmer“, „Gallenblase“ und „Leber“. Die 2 inzwischen den Hauptmeridianen zugesprochenen Sondermeridiane: „Konzeptionsgefäß“ und „Lenkergefäß“.

Bei den nach Organen benannten Meridianen geht es nicht nur um die betreffenden Organe im westlichen Sinn, sondern um Funktionskreise im östlichen Sinn: um ineinandergreifende Lebensprozesse. Daher darf es uns nicht verwundern, wenn zum Beispiel über den Lungenmeridian nicht nur die Funktionstüchtigkeit der Atmungsorgane und der Luftwege sowie die Regulierung des Atmungsvorganges beeinflußt werden, sondern darüber hinaus Harnträufeln, Schreibkrampf, Akne, Juckreiz, Nackensteifigkeit, Schluckauf, ebenso Melancholie oder Depression usw.

>>> Durch Nuad werden von selbst die Meridiane – die „Flüsse der Gesundheit“ – angeregt, gedämpft, korrigiert: harmonisiert.

1. Lungenmeridian

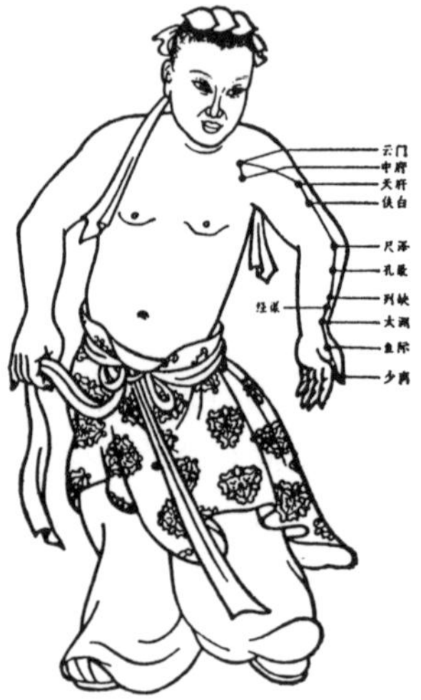

Der *Lu*-Meridian beginnt seitlich des Brustkorbes bei der Achselhöhle, fließt an der Innenseite des Arms zur Hand hinab, zieht über den Daumenballen und endet außen an der Nagelwurzel des Daumens.

2. Dickdarmmeridian

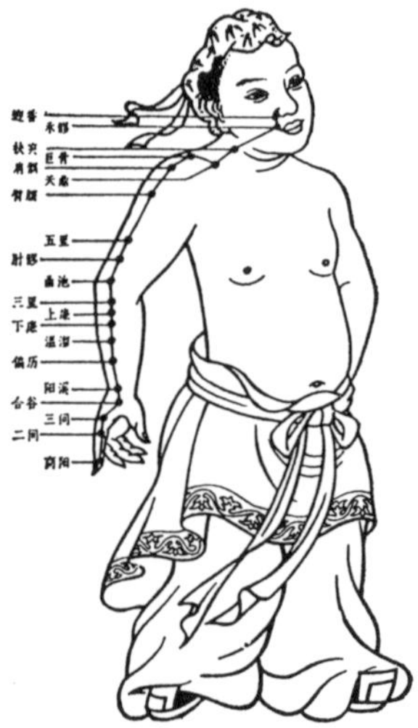

Der *Di*-Meridian entspringt am daumenseitigen Nagelbettwinkel des Zeigefingers, läuft über die Außenseite des Arms, zieht über Schulter, Nacken und seitlichen Hals empor bis zum Mundwinkel, um am Nasenflügel zu enden.

3. Magenmeridian

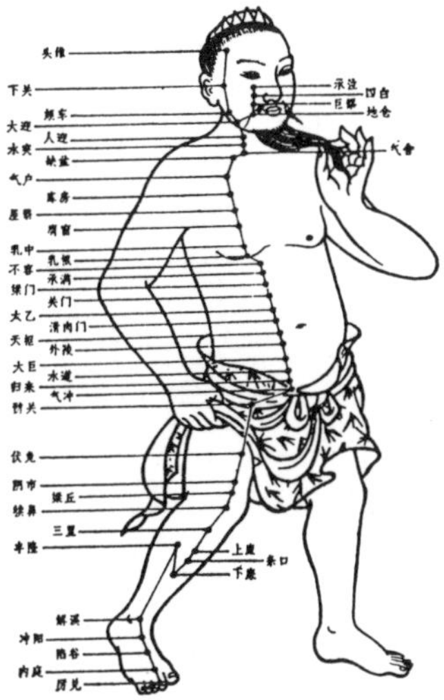

Der *M*-Meridian beginnt am Nasenflügel, läuft über das Gesicht, steigt hinab über Hals, Brust und Bauch und fließt über die Vorderseite des Beins und den Fußrist bis zum Endglied der 2. Zehe.

4. Milzmeridian *(MP = Milz/Pankreas)*

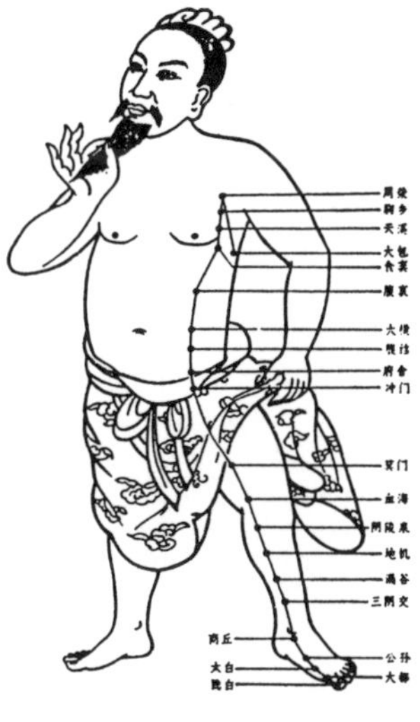

Der *MP*-Meridian beginnt am Nagelbett der großen Zehe, läuft auf der Beininnenseite hoch bis zur Leiste, zieht über Bauch und Brust bis unterhalb der Achselhöhle (im zweiten Zwischenrippenraum endend).

5. Herzmeridian

Der *H*-Meridian beginnt in der Achselhöhle, fließt innen am Arm abwärts, zieht über den Handteller bis zum inneren Nagelwinkel des kleinen Fingers.

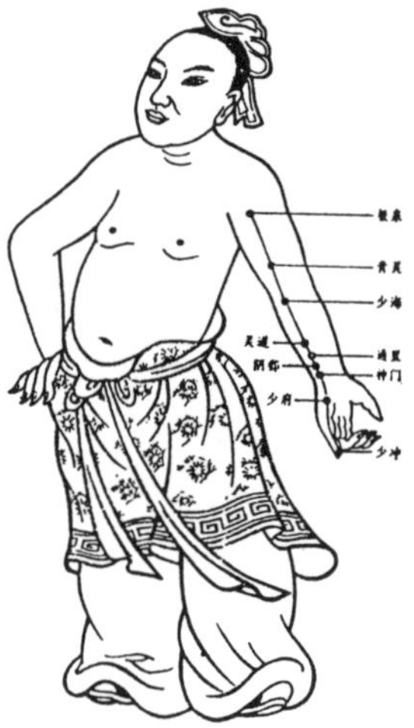

6. Dünndarmmeridian

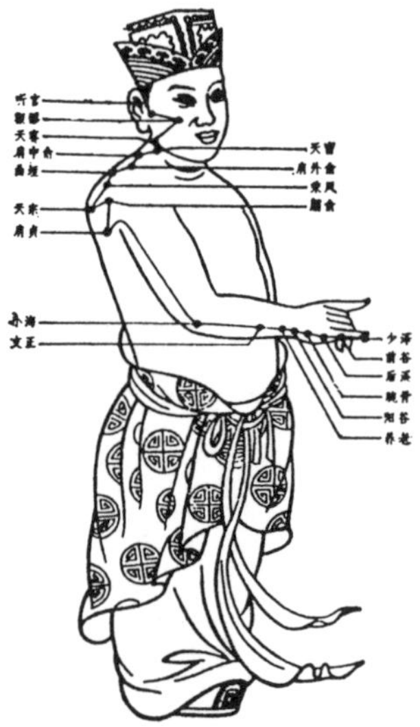

Der *Dü*-Meridian beginnt am äußeren Nagelwinkel des kleinen Fingers, läuft über den Handrücken und die Außenseite des Arms, zieht im Zickzack über das Schulterblatt, steigt entlang des seitlichen Halses auf, berührt die Wange und mündet vor dem Ohr.

7. Blasenmeridian

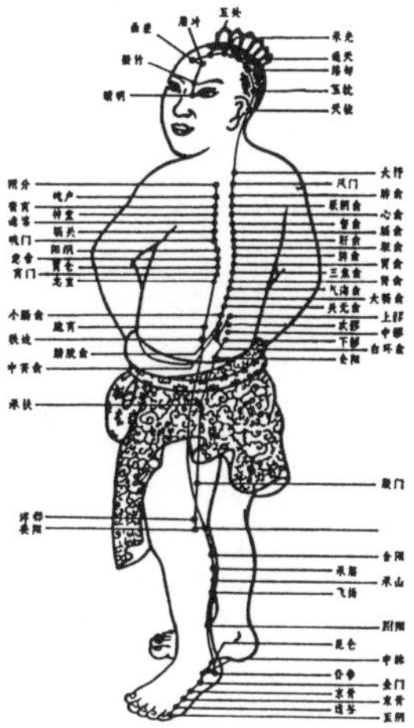

Der *B*-Meridian verläuft vom inneren Augenlidwinkel über die Stirn und das Schädeldach zum Nacken. Dort gabelt er sich in 2 Bahnen, die parallel auf dem Rücken entlang der Wirbelsäule nach unten laufen bis zum Gesäß. Der eine Strang führt über die Rückseite des Beins und den äußeren Fußrand bis zur kleinen Zehe. Der andere Strang vereinigt sich in der Kniekehle mit dem ersten.

8. Nierenmeridian

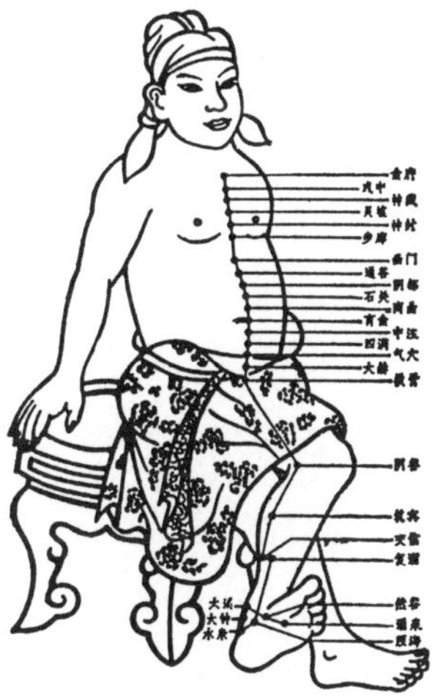

Der *N*-Meridian beginnt auf der vorderen Fußsohle, zieht auf der Innenseite des Beins hoch bis zum Geschlechtsorgan, steigt auf dem Bauch und auf der Brust empor, um in der Schlüsselbeingrube zu enden.

9. Meridian „Meister des Herzens" (KS = Kreislauf/Sexualität)

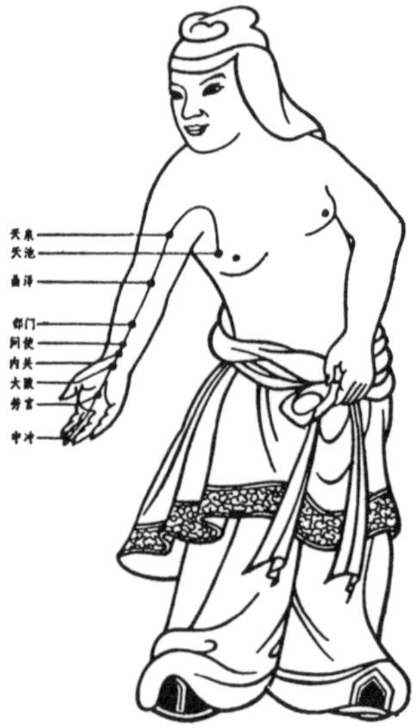

Der *KS*-Meridian entspringt achselseitig neben der Brustwarze, läuft über den Bizeps und die Innenseite des Unterarms, überquert den Handteller und endet an der Mittelfingerkuppe.

10. Meridian „Dreifacher Erwärmer"

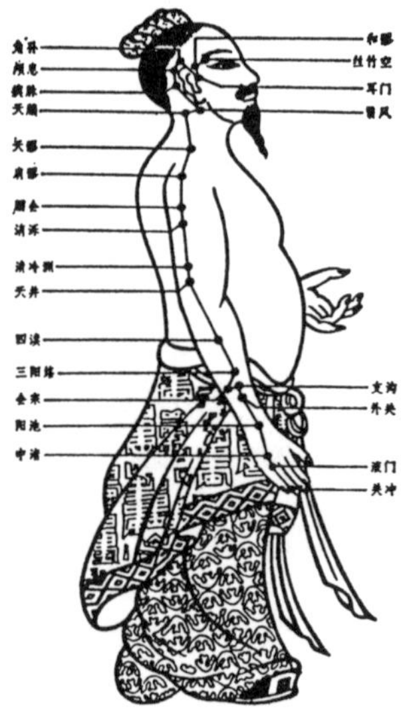

Der *3E*-Meridian beginnt an der äußeren Nagelecke des Ringfingers, zieht über den Handrücken und die Außenseite des Arms bis zur Schulter, steigt den Hals empor bis zum Ohr, das er hinten umkreist. Er fließt dann über die Schläfe zum äußeren Rand der Augenbraue.

11. Gallenblasenmeridian

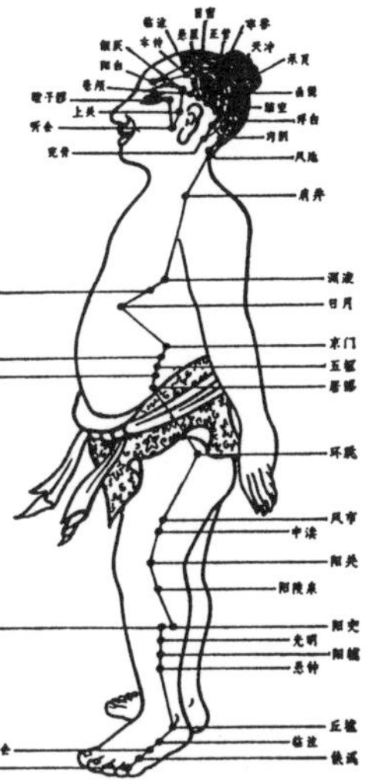

Der *G*-Meridian beginnt an der äußeren Ecke des Auges, wandert im Zickzack über die Schläfe und das Hinterhaupt zum Nacken, führt nach vorn über die Schulter und steigt seitlich hinab über Brustkorb und Hüfte, zieht auf der Außenseite des Beins und über den Fußrücken bis zum Grundgelenk der 4. Zehe.

12. Lebermeridian

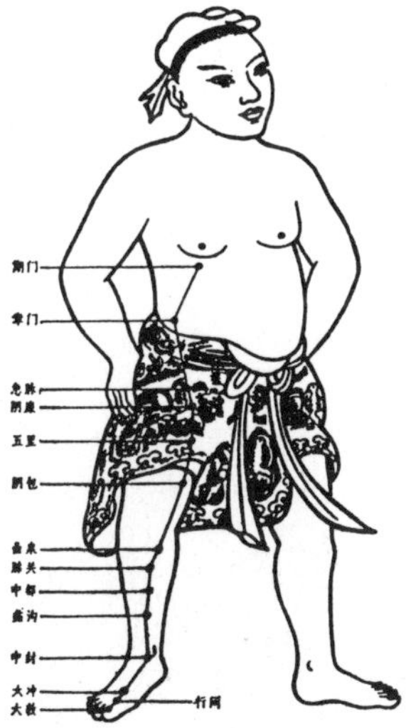

Der *Le*-Meridian beginnt zwischen der großen und der zweiten Zehe, läuft auf der Innenseite des Beins hoch, führt um das Geschlechtsorgan herum, zieht über den Unterleib und endet unterhalb der Brustwarze.

Therapie

1. Nutzen allgemein

Der gesundheitliche Reichtum von Nuad ist immens, ist doch die Traditionelle Thai-Massage trotz ihres Namens weit mehr als eine bloße Massage: Sie ist allseitiges „body work“, sprich: Körpertraining. Sie enthält, wie gesagt, beispielsweise alle Elemente der jahrtausendealten Yogastellungen (Asanas) sowie des neumodischen „Stretching“ (Dehnungsgymnastik). Und sie behandelt die grundlegenden Energielinien und Wirkpunkte der Akupunktur mit, ebenso die Reflexzonen an Händen und Füßen. Zudem bezieht Nuad die Technik der Tiefenentspannung ein. Alles dessen braucht sich ein guter Thai-Masseur freilich gar nicht bewußt zu sein. Denn die Nuad-Positionen selbst verwirklichen die Prinzipien des Yoga, der Akupunktur oder der Reflexologie.

Was kann die Thai-Massage für Sie tun?

■ Physisch

Nuad bessert Fehlhaltungen und verhindert Haltungsschäden, denen nicht nur berufsbedingt Büromenschen, Verkäuferinnen, Kellner, Friseusen, Chauffeure, Zahnärzte usw. anheimfallen, sondern schon Schulkinder. Zu einer Volksseuche droht der sogenannte „Fernsehhals“ zu werden, eine Art Hexenschuß im Halswirbelsäulenbereich. Die Thai-Massage bricht den einschnürenden Muskelpanzer der „Hals-Starrigkeit“, der „Hart-Näckigkeit“ und der „eingefrorenen“ Schultern auf, der Streß, Frust und chronische Furcht buchstäblich *„verkörpert“*. Sie erhöht die Flexibilität und den Bewegungsspielraum, beugt also dem Verschleiß (degenerativen Prozessen), der Steifheit und der Bewegungseinschränkung vor. Selbst konstitutionelle Schwächen der inneren Organe oder des Skelettsystems – des Stütz- und Halteapparates – können auf die Dauer ausgeglichen werden.
Der Körperbau insgesamt – die „Anatomie“ (Knochen, Gelenke, Bänder, Muskeln, Gefäße, Eingeweide, Nerven) – wird adjustiert, stabilisiert und gestärkt. Zudem wird ein umfassendes Körperbewußtsein geweckt: Selbst vergessene Körperpartien werden neu entdeckt.
Nuad „verjüngt“. Das schätzen nicht nur Senioren, sondern ebenso Spitzensportler, die vor Wettkämpfen durch Thai-Massage ihr athletisches Leistungsvermögen steigern. Die Jungerhaltung bzw. Verzögerung des Alterns zeigt sich nicht zuletzt im Hautglanz und in der Verbannung von Runzeln aus dem Gesicht. Nuad nährt die Schönheit von innen.

Kurzum: Nuad maximiert das Körperpotential.

■ Physiologisch

Physiologie ist die Wissenschaft von den *Lebensvorgängen* (der Zellen, Gewebe und Organe). Nuad sorgt dafür, daß die Lebensvorgänge normal verlaufen können:

1. Der *Blutkreislauf* (Funktion von Herz und Blutgefäßen) wird verbessert. Nuad tonisiert die Blutgefäße und erhöht die Sauerstoffaufnahme des Blutes sowie die Produktion roter Blutkörperchen, bewirkt also u. a.:

+ Die Zellen werden zügig mit den Lebensstoffen versorgt,
+ die schädlichen Abfälle des Stoffwechsels werden schleunigst ausgeschieden und
+ Angreifer (Krankheitskeime) werden schlagkräftig abgewehrt. Indem sie Herz und Körperdurchblutung anregt, verhindert oder lindert die Thaimassage viele Beschwerden wie kalte Hände und Füße, Ameisenlaufen, Schwindelgefühl, Arteriosklerose (Arterienverkalkung), Krampfadern ...

2. Die *Atmung* (Funktion von Lunge und Gewebe) wird vertieft. In einer atemberaubenden Zeit, in der uns die Puste ausgeht, bietet Nuad eine ideale Verschnaufpause zum „Aufatmen". Der atemgestörte Mensch untergräbt nämlich seine Gesundheit auf allen Linien. Nuad aber gibt den gesunden Naturatem zurück, dämmt also all die gesundheitlichen Störungen des Kreislaufs, der Verdauung usw. sowie die Fehlschaltungen des vegetativen Nervensystems ein, die die Atemnot nach sich zieht.

Nuad ist eine Atemschulung. Der tiefe, volle, lange, ruhige, fließende, weiche Atem stärkt nicht nur die Organfunktionen, bekämpft nicht nur Asthma oder Bronchitis, steigert nicht nur die Nervenkraft: Er ist eine Hauptquelle der Lebensenergie, dem Schlüssel zu Wohlbefinden, Frische, Spannkraft, Vitalität, Glücksgefühl, Optimismus, Selbstbewußtsein, Geistesgegenwart, Kreativität und Lebenstüchtigkeit.

3. Die *Verdauung* (Aufschließung und Verwertung der Nahrung im Verdauungskanal) wird belebt.

Nuad rückt der Massenplage „Verdauungsstörung" (ob verkrampfter oder schlaffer Darm, Appetitmangel oder Völlegefühl, belegte Zunge oder saures Aufstoßen) zu Leibe – an allen Fronten.

4. Der *Stoffwechsel* (Umwandlung der Nährstoffe in Lebensstoffe und Energie) wird aktiviert. Der Stoffwechsel liefert die Energie zur Selbsterhaltung des Körpers, so daß der Organismus die Lebensvorgänge (wie Herzschlag, Atmung, Bewegung, Wärmeproduktion) in Gang halten kann.

Die Stoffwechselorgane – voran die Leber, das Zentrallabor des Körpers – profitieren erheblich von Nuad.

5. Die *Drüsen mit innerer Sekretion* (Bildung und Ausschüttung der Hormone) werden stimu-

liert. Die Hormondrüsen bilden gleichsam ein „Orchester des Lebensrhythmus“: Die von ihnen hervorgebrachten Wirkstoffe steuern die Lebensvorgänge. Bei Über- oder Unterfunktion verfällt der „Klangkörper“ in Disharmonie. Die innersekretorischen Drüsen beeinflussen in Zusammenspiel mit dem Nervensystem Wachstum, Stoffwechsel, Fortpflanzung, Blutdruck, Körpertemperatur, Intelligenz, Temperament usw.
Nuad begünstigt die ausgeglichene Funktion der Hirnanhangdrüse (Hypophyse), Schilddrüse, Nebenschilddrüsen, Nebennieren, Bauchspeicheldrüse und Keimdrüsen und dadurch den harmonischen Ablauf aller Lebensfunktionen.
Kernpunkt: Nuad fördert Kreislauf, Atmung, Temperaturregulation, Verdauung, Stoffwechsel und Drüsentätigkeit: kurzum die Lebensvorgänge.

■ Emotional

Die Traditionelle Thai-Massage ist von Haus aus angewandte buddhistische Kardinaltugend „metta“ (liebevolle Güte). Wenn es also ein Massagesystem auf der Welt gibt, das hypersensitive Scheu vor körperlicher Nähe schmelzen kann, ist es Nuad. Die Traditionelle Thai-Massage ist selbst „Unberührbaren“ zumutbar, denn die in Nuad erlebte Nähe strahlt Wärme und Geborgenheit aus. In unserer modernen Welt der Isolierung, der Einsamkeit, der Zurückhaltung, des Sichfernhaltens, der Entfremdung und der Feindseligkeit ist es schwer, das menschliche Urbedürfnis nach Zuneigung zu stillen.
Nuad durchbricht die Abgeschlossenheit und schafft eine zwischenmenschliche Beziehung bar jedweder Zudringlichkeit, geprägt von Verstehen und Einfühlen. Nuad stiftet aber nicht nur Vertrauen, sondern weckt Gefühle der Lebensfreude, der tiefen Gemütsruhe, des Selbstwerts, der Zufriedenheit, des Muts, der Freiheit und des Behagens.
Kurz und bündig: Die Thai-Massage entfaltet „Wellness“, um ein strapaziertes Modewort ins Spiel zu bringen.

■ Mental

Die mentalen Früchte der Traditionellen Thai-Massage entsprießen der Tiefenentspannung: Geistesklarheit, Wachsamkeit, Abbau negativer Gedankenmuster und selbstzerstörerischer Gewohnheiten, intellektuelles Leistungsvermögen. Die Thai-Massage schärft das Bewußtsein der Eigenverantwortung und stärkt die eigene Wertschätzung. Wer eine Krise oder eine Prüfung zu bewältigen hat, mag sich durch Nuad dafür das Rüstzeug holen.
Nuad ist im Idealfall eine Entspannungsmeditation. Die Verbindung des meditativen Zustandes mit speziellen Bewegungsübungen hilft sogar, die im Westen sehr verbreitete „Halbhirnigkeit“ zu überwinden, d. h. beide Seiten des Großhirns (linke und rechte Hirnhälfte) zu stärken. In unserem Kulturkreis denken mehr als 90% der Menschen überwiegend mit der linken Gehirn-

hälfte, die für Logik, Analyse, Abstraktion, rechnerische Leistung, verbales Wissen, Sachlichkeit, Technologie usw. zuständig ist, während die rechte Gehirnhälfte vernachlässigt wird, die für Intuition, Synthese, Erfahrung, Spiritualität, Spontaneität, Originalität, Flexibilität, Kreativität, Phantasie (Imagination), Humor usw. ausschlaggebend ist. Die Orientalen sind im allgemeinen ausgewogener in der Gehirnnutzung.
Nuad fördert also nicht einseitig den nüchternen Verstand, sondern ebenso das Begreifen, das „aus dem Bauch" kommt.

■ Spirituell

Nuad im Sinne des Erfinders ist eine spirituelle Praxis, die den Mönchen half, sich mit innerer Festigkeit zu wappnen und für die Meditation zu ertüchtigen. Die authentische Thai-Massage weckt also die meditativen Fähigkeiten und öffnet den Sinn für das Über-Sinnliche: für die unsichtbare, immaterielle Realität. Sie bereitet der Selbsterfahrung den Weg, gleichzeitig der Einheitserfahrung, d. h. der Einsicht, daß alles mit allem zusammenhängt: Leib+Seele+Geist / Skelett+Muskeln+Haut+Nerven+Adern+Blut+Hormone/Moleküle+Zellen+Gewebe+ Organe / Mensch+Erde+Himmel (Kosmos). Nuad als Meditation kann den Blick auf das unteilbare Seinsganze freigeben.

2. Nutzen speziell (Heilanzeigen)

☞ Gewiß: Nuad ist primär ein „holistisches" (ganzheitliches) System fließender Bewegungsabläufe mit dem Ziel, die Lebensenergie zu aktivieren und dadurch insgesamt eine stabile leibliche, geistige und seelische Gesundheit aufzubauen (s. obiges Kapitel *Nutzen allgemein),* aber die einzelnen Übungen sind durchaus hilfreich bei bestimmten Beschwerden – genauso wie die Asanas (Körperstellungen) im Yoga oder die Pressur bestimmter Punkte, Linien und Zonen in der Akupressur und Reflexologie.

In Thailand praktizieren die Meister wohl die integrale Massage, aber die Therapeuten setzen Nuad zweckorientiert bei vielerlei Unpäßlichkeiten, Körperschäden, Schmerzen und Leiden ein, selbst bei leichten Lähmungen, Schlaganfällen, Epilepsie oder Sprachstörungen. Die therapeutische Domäne der Medizinischen Thaimassage sind die degenerativen Erkrankungen.

☞ Während die einen Heilwirkungen von Nuad-Positionen sofort aller Welt einsichtig sind, sind die anderen nur den der Erfahrungsheilkunst Kundigen verständlich.

+ So haben z. B. die alten Yogis entdeckt, daß ein Zusammenhang zwischen Abwehrschwäche (also Krankheitsanfälligkeit) und Schulterverspannung besteht.

+ Die alten Chinesen wiederum kennen seit Jahrtausenden das Geheimnis der Energiepunkte, von denen aus die Zirkulation der Lebensenergie im Organismus reguliert werden kann.

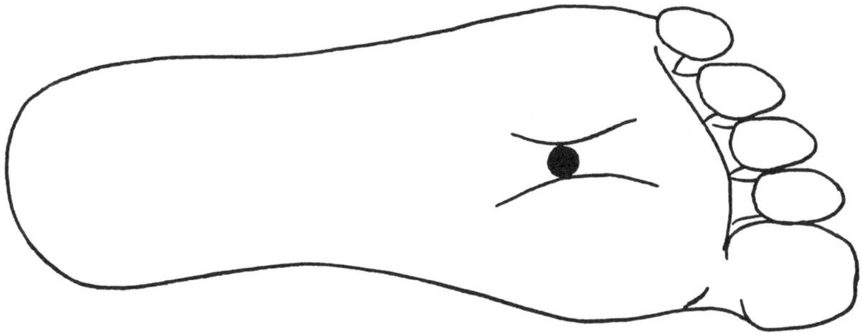

Punkt 1 des Nierenmeridians

Beispiel Yongquan, der Energiepunkt Nr. 1 des Nierenmeridians (N-1), der auf der Fußsohle zwischen Großzehen- und Kleinzehenballen liegt, knapp vor der Grenze des vorderen Drittels zu den hinteren zwei Dritteln der Fußsohle. Er ist ein „magischer Druckknopf" zur Besserung u. a. von hohem und niedrigem Blutdruck, Schwindelgefühl, Bewußtlosigkeit, Bronchialasthma, Verstopfung, Durchfall, Übergewicht, Nierenentzündung, Energieschwäche, vegetativer Dystonie, Wetterfühligkeit, Schlaflosigkeit, Erregung, Konzentrationsschwäche, Kopfschmerzen, Rheuma, Harnblasenbeschwerden, Potenzschwäche, Menstruationsschmerzen, Ohrgeräuschen und vorzeitigem Altern.

+ Die Reflexzonentherapeuten nutzen ihrerseits die uralte Einsicht, daß sich etwa in den Füßen, Händen und Ohren des Menschen der Gesamtorganismus widerspiegelt. Die Reflexologie erlaubt also, durch Massage der entsprechenden Zonen die inneren Organe, Drüsen, Glieder, Muskeln, Nerven – kurzum jeden Körperteil – anzusprechen. Beispiel: Wenn Sie Ihre Ohrränder „kneten“, wirken Sie heilsam auf Ihre Wirbelsäule ein und können somit Nacken-, Rücken- und Kreuzbeschwerden lindern.
Von all dem profitiert die Traditionelle Thai-Massage: Sie schöpft alles in allem aus der Beobachtung der natürlichen Zusammenhänge des Lebensprozesses.

☞ Nuad ist allerdings kein Ersatz für ärztliche Behandlung: Suchen Sie einen für Ganzheitsheilkunde aufgeschlossenen Arzt auf, wenn Sie sich krank fühlen. Nuad ist aber ein ideales Mittel zur Krankheitsvorbeugung und zur Ergänzung der medizinischen Therapie im Krankheitsfall.

ANHANG

Schlüssel zum Lexikon der Heilanzeigen

Der Praxisteil des Buches präsentiert die Selbstmassage (s. S. 39) und die Partnermassage (s. S. 80) mit je 80 Positionen, auf die sich die Heilanzeigen in erster Linie beziehen. Wir verwenden die Kürzel **S** für Selbstmassage und **P** für Partnermassage. S1 heißt also beispielsweise Selbstmassage Position 1, und P80 heißt Partnermassage Position 80.
Die ausgeschriebenen Namen bezeichnen die in Nuad geläufigen Energiebahnen, Sen genannt (s. S. 185 ff.). Lawusang z. B. weist also auf den Sen namens Lawusang hin.

Das folgende Abc der Heilanzeigen bietet komplementäre Therapiemöglichkeiten von **A**bwehrschwäche bis **Z**werchfellverkrampfung:

A

Abwehrschwäche: S47; P1, P26, P27, P28, P31, P32, P44, P50, P51, P52, P54, P55, P56, P57, P58, P59, P60, P61, P62, P63, P64, P65, P67, P68, P69, P70, P71, P72, P73, P74, P75, P76, P77, P78, P79, P80
Angina Pectoris: P67, P68; Kalathari
Anspannung: P71, P72, P74, P75, P76, P77, P78, P80
Armbeschwerden: S5, S56; P4, P35, P36, P37, P38, P39, P40, P41, P44, P50, P51, P52, P53, P54, P55, P56, P57, P58, P67, P68, P69, P71, P72, P73, P77, P78, P79; Kalathari
Armschwäche: S36; P36, P37, P44, P52, P53, P54, P55, P58, P68, P72, P73, P78, P79
Arthritis: P1, P26, P31, P32, P38, P39, P44, P50, P54, P55, P56, P57, P59, P60, P67, P68, P69, P70, P71, P72, P77, P80
Arthrose: P1, P26, P30, P31, P32, P38, P39, P41, P44, P50, P54, P55, P56, P57, P59, P60, P64, P67, P68, P69, P70, P71, P72, P77, P80
Asthma: P35, P45, P46, P51, P55, P67, P68, P77; Sumana, Kalathari
Atembeschwerden: P1, P4, P26, P38, P39, P51, P55, P59, P60, P67, P68, P77; Lawusang, Ulangka
Atemwegsbeschwerden: Sumana
Augen, *verschwollene:* Sahatsarangsi, Thawari
Augenrötung: Sahatsarangsi
Augenschmerzen: Ittha, Pingkhala
Augentränen: Sahatsarangsi, Thawari

B

D

E

F

G

H

I

K

L

M

N

O

P

R

S

T

U

V

W

Z

Nützliche Adressen

Thai Traditional Massage School
Wat Phra Chetuphon
2 Sanamchai Road (Inside Wat Pho)
BANGKOK 10200

Traditional Medicine Hospital
The Foundation of Dr. Shivagakomarpaj
78/1 Wualai Road
CHIANGMAI 50100

Chaiyuth Priyasith's School of Remedial Massage
52 Thapae Road Soi 3
CHIANGMAI 50000

Baan Nit
Soi 2 Chaiyaphum Road
CHIANGMAI 50000

Chongkol Setthakorn
ITM (Institute of Thai Massage)
17/7 Morakot Road
Hah Yaek Santitham
CHIANGMAI 50300
E-mail: itm@infothai.com
Website: http://itm.infothai.com

Lek Chaiya
9/12 Hatsadisaewee Road
Sriphum Muang
CHIANGMAI 50200

Harald Brust (Ashokananda)
ThaiYogaMassage
149 Kaew Nawarat Soi 4
CHIANGMAI 50000
E-mail: asokasunshine@hotmail.com
Website: http://thaiyogamassage.infothai.com

Harald Brust (Asokanada) ist ein Deutscher, der sich um die Erforschung und Verbreitung der Traditionellen Thai-Massage verdient gemacht hat.